世界のトップ1%に育てる
親の習慣ベスト45

地方公立→ハーバード合格！
どこの国、会社でも活躍できる子の育て方

廣津留真理

はじめに

これからの教育を担うのは家庭。新しい家庭教育は、常識を疑うことから始まる。

私は現在、地元大分市内で英語教室、「親力」を育てるワンコインセミナー、そして現役のハーバード大学の学生を講師として英語で自己表現するサマースクール「サマー・イン・ジャパン（ＳＩＪ）」という3つの事業を主宰しています。

そのベースになっているのは、語学教師としての長年の経験はもちろん、一人娘のすみれを育てた体験。妊娠中から学術書も含めて200冊ほどの育児書を読み込み、学校や学習塾といった教育の〝外注先〟に頼らない家庭教育の必要性を痛感し、娘には独自の家庭教育を授けました。

娘は幼稚園に年長の1年のみ通って、小中高と大分の公立学校に通い、塾通いも留学も一度も体験しないまま、２０１１年12月にアメリカ・ハーバード大学に現役合格。大学卒業後はジュリアード音楽院の修士課程で学んでいます。

一度も海外に住んだことのない娘が、このような進路を選択し、その希望を叶えることができたのは、家庭でできることは外注に頼らず実行し、自分で選択肢を多く持てるよう努力したからだと思います。

「でも、うちの子どもはハーバードやジュリアードへ進学するわけではないし、家庭教育は自分には関係ない」と思わないでください。

たとえ海外のトップ大学に進学する気がなくても、これからの日本では家庭教育がより一層重要になります。なぜなら、外注先に丸投げして依存しても何とかなっていた、これまでの教育の常識が通用しなくなるからです。

学校や塾に教育を外注して、テストで良い点を取り、国内の有名大学か医学部に進学できたら子どもは幸せな人生を歩み、未来はバラ色……というのはすでに過去の常識です。

いまの子どもたちは生まれたときからインターネットとスマートフォンがあるのが当たり前というデジタルネイティブであり、急速に進むグローバル化と少子高齢化、人口減少社会などを背景として、**日本に居ながらにして多くの外国人との共存と競争が前提**になっています。

テストの点数がいくら高くても、デジタルも英語も満足に使いこなせないようでは、ベル曲線（正規分布。平均値の付近にデータが集積するような確率分布を表わします）の平均値ゾーンで埋没し、その他大勢のドングリの背比べの集団のなかで子どもたちが苦労する恐れがあります。

この先ずっと日本で暮らすにしても、優秀な留学生や移民が増えて、ＡＩ（人工知能）やＩｏＴ（モノのインターネット）の技術の進歩で自動化が一層進むと、**平均値ゾーンで個性のない人材は職を奪われる**可能性が高くなるのです。

今後ますます、デジタルをやすやすと使いこなし、日本人でありながら日本語にこだわらないトランスナショナル人材（２２６ページ参照）が求められるようになりますが、学校も学習塾もいまだ旧来の５教科（英語、国語、数学、理科、社会）

の学力だけにこだわったり、日本国内の大学しか目標にしないような教育を志向したりしています。それでは完全なオワコン。

社会がグローバル化しているのに、いまだに**5教科の偏差値にこだわったり、東京大学、京都大学、早稲田大学、慶應義塾大学といった国内の有名大学の名前やブランドのみにこだわって選択したり、テストの点が高いと医学部を目指したりするのは、化石化した教育**です。

2020年から順次実施される予定になっている小学校以降の次期学習指導要領（本書での記述は、改訂の意図がよくわかる平成28年8月1日の中央教育審議会による『次期学習指導要領に向けたこれまでの審議のまとめ（素案）のポイント』を基にしています）は、来《きた》るべき新しい時代にマッチするように大きく舵《かじ》を切っています。

そこには「グローバル化の進展や人工知能（ＡＩ）の飛躍的な進化など、社会の加速度的な変化を受け止め、将来の予測が難しい社会の中でも、伝統や文化に立脚した広い視野を持ち、志高く未来を創り出していくために必要な資質・能力を子供たち一人一人に確実に育む学校教育」の実現を目指すとはっきり書かれているのです。
しかしながら、学校や塾といった外注先がこうしたグローバル標準の教育に適応するにはまだまだ時間がかかります。

もしもうまく適応できたとしても、学校や塾では次期学習指導要領が理想とするように子ども一人ひとりの個性や志向にマッチしたオーダーメイドの教育をするのは難しいので、マニュアル的で画一化したものになりかねません。

そう考えると、子ども一人ひとりに合ったオーダーメイドの**グローバル標準の教育は、何ら制約がない家庭でマネジメントするのがベスト**なのです。

3000人の子どもたちと接してきた私の経験に照らすと、子どもが高校1年生以上の家庭は化石化した教育にどっぷり首まで浸《つ》かっており、頭では理解できてもグローバル標準の教育へ舵を切るのは難しいようです。

日本が安定した成長を続けていた昭和という幸せな時代を生きてきて、自分たちの世代の成功体験がありますから、従来の教育方針で間違っていないはずだという思いが強いのでしょう。

それに対して子どもが幼稚園や保育園に通っているような若い世代のママとパパは、私の考えに共感してくれます（興味深いことに、この世代のママたちのメールは旧姓で送られてくる場合がほとんどです）。

「ベル曲線の平均値ゾーンで埋没してはダメです」と説明すると、若い世代の親御さんは、首を大きく縦に振ってうなずいてくれます。

本人たちも「若いうちから廣津留さんが提唱するような方法で英語を学んでおけばよかった」という反省があり、子どもには早期に外国語を身につけて世界的なスケールで活躍してほしいと願っているのです。


本書では「家庭教育」という、これから確実にスタンダードになる、古くて新しい**家庭中心のマネジメントを生活編、学習編、英語編という3カテゴリーに分けて展開**します。

生活編では、「自分はできる」という自己肯定感を高め、失敗を恐れず、リスクを取って**自らの潜在能力を広げる**子どもに育てるヒントを紹介します。

学習編では、5教科のいわゆる〝勉強〟ではなく、子どもの得意を伸ばし、ボランティア活動やインターンシップなどの**社会体験でいかに学ぶか**をお伝えします。

英語編では、英語を道具として使いこなしながら議論や交渉を行い、ロジカルかつ的確に自分の言いたいことを伝える**グローバル標準の英語力を家庭で身につける**方法を紹介します。これは日本の学校教育では何年かけても決して養えない能力です。

現在はつねに古くなり続けており、未来へ向かって時間は流れ続けています。外注をすると現状維持が精一杯ですが、未来へ向かって社会が進化していくプロセスでは現状維持は後退を意味します。

必要なのは常識にとらわれない未来志向の教育です。

〝子どもは親の背中を見て育つ〟というように、親御さんは子どもの人生最初のロールモデル（お手本）。

親御さん自身が失敗を恐れず、グローバル化に備えて一緒に英語を学び、未来志向の教育に挑んでいる姿を小さいときから見ている子どもは、自分たちも常識の罠《わな》に陥らず、リスクを取って失敗をしてもいいと思ってくれます。

本書を参考に未来志向の家庭教育で子どもとともに歩み、子育てを楽しんでいただけると幸いです。

世界のトップ1%に育てる親の習慣ベスト45　目次

学習編

「勉強以外の勉強」を学ばせる

英語編

入試以降も「使える英語」を磨く

巻末付録　英語エッセイ

生活編

親の行動で
子どもを導く

感性のままに生きる〝肉食系〟を育てよう
――IT化が進むいまこそ、問題解決を図れる人材が必要

私が家庭教育で標榜《ひょうぼう》しているのは〝肉食系〟の人材育成。肉食系とは、**肉食動物のように自分の本能と感性の赴くままに未知の荒野でサバイブしながら、好きなことには積極的に飛びついてリスクを恐れずにチャレンジできる人材**です。

家庭教育の歴史を振り返ってみると、戦後の子育てと家庭教育にもっとも大きな影響を与えたのは、アメリカの小児科医であるベンジャミン・スポック博士。彼が書いた『スポック博士の育児書』は全世界で5000万部以上売れており、第二次世界大戦後では聖書の次に売れた本ともいわれています。

それまで育児は個々の家庭の経験則で行われていましたが、博士は育児を合理的に検証し、年齢ごとに医学的・科学的な事実を踏まえてマニュアル化しました。

そこにはいまの子育てサイトに書いてあるような「母乳はいつまで飲ませるか」「離乳食に何を食べさせるか」「風邪を引いたときにはどうすべきか」「添い寝は自立

を妨げるから良くない」といった内容がまとめられています。スポック博士はアメリカでは「子どもを過保護に育てたからベトナム戦争に反対するような腑《ふ》抜《ぬ》けな若者ができた」と批判される面もありました。

スポック博士は早期教育に反対の立場でしたが、その後日本で登場したのはいかに秀才を育てるかという学習のマニュアル化でした。

学校と学習塾で5教科を勉強し、テストで良い点を取って偏差値の高い難関校に入り、一斉に就活にのぞんで一流企業に就職する……。敷かれたレールの上を黙って進むので平和そうで安定感抜群ですが、消極的かつ受動的で人生に華がなくてかなり退屈。これを私は〝草食系〟と呼んでいます。

何事もマニュアル通りでは、決められたことを受け身でこなすのは得意だとしても、**創造性やイノベーティブな発想は生まれません**。

グローバル化とＩＴ化が進む21世紀に求められる人材は、草食系ではなく自ら問題解決を図ろうとする肉食系です。

次期学習指導要領が柱に据えている「アクティブ・ラーニング」（105ページ参照）も肉食系を育てる真意があると思いますが、戦後70年以上も草食系のマニュアル教育をしていた日本が一朝一夕に大転換できるとは思えません。

そこで親御さんが五感に響く感性的な家庭教育を施して子どもたちを肉食系に育てる必要があるのです。

まず子育てのミッションを決める

――あるがままを認め、褒めて、愛情を注いで自己肯定感を高める

スポック博士は「親たちは子育てを特殊なものだと思い込んでいる」と嘆いています。子育ては特殊すぎてどうしていいのかわからないと誤解している親たちのために、博士はマニュアルとして『スポック博士の育児書』を書いたのです。

けれど、**子育ては特殊なものではなく、ビジネスと同じ**だと私は思っています。子

どもを育てることを一つの事業、プロジェクトとして捉えてビジネスコンサルタント的な発想で子育てを合理的にマネジメントしてみてください。

ビジネス発想で子育てをコンサルティングすると、**真っ先に行うべきなのは、何のために子育てをするのかというミッション（使命）の設定**です。

子どもが生まれてくると、多くの親御さんは「明るく元気に育ってほしい」とおっしゃいます。

私が娘のすみれを妊娠中に育児書を200冊読んだ結論もやはり「明るく元気に育てたい」でした。

200冊の育児書を読んだ結果、出てきたミッションとしては平凡すぎて拍子抜けするかもしれませんが、「明るく元気に」という言葉はシンプルなのに意外と意義深いのです。

いつも明るく元気でいるためには、ポジティブな自己肯定感が欠かせません。

自己肯定感とは「自分は価値のある人間だ」と感じること。自らのあり方を積極的に評価する感情であり、あらゆる物事に積極的に関わろうとする意欲を高めます。

そのためにはママとパパがあるがままの子どもを認め、良いところを見つけて褒めて、無条件の愛情を注いで育てるのが大前提です。

単語10個を覚える宿題があり、子どもが5個しか覚えられなかったときに、**「5個しか覚えられなかったの！」と叱《しか》るのか、それとも「5個も覚えられてエラいね！」と褒めるのか**で子どもの自己肯定感は大きく変わります。

褒めすぎると「僕が何をやってもママは褒めてくれる」とつけ上がるといいますが、親御さんから褒められたくらいで子どもはつけ上がりません。それで調子づく子どもがいるとしたら、それはたぶん親御さんがつけ上がっているから。それを見ているので、子どもは真似《まね》て増長するのです。そういうタイプはたぶん褒めなくてもいい気になり、威張ってしまうのではないでしょうか。

「昨日褒めたから今日は褒めなくていい」はNG

——子どもに対する親の態度は一生影響すると覚悟する

何よりも大切だと私が思うのは、親御さんが子どもの存在を全身全霊で受け止めて、「Unconditional Love（**どんなときでも、何があってもあなたの味方です**）」と「Full Attention（**いつもあなたを見守っているから、安心してください**）」というメッセージをつねに力強く伝えること。この2つは、この世の中で最高レベルの愛情表現です。その最高レベルの愛情を毎日子どもに示すために、親御さんは徹底的に子どもを褒めるべきだと私は思います。

子どもは褒めて育てた方がいいのか、それとも臨機応変でときには叱った方がいいのか。人によって意見はさまざまですが、私はどんなときも愛情を持って褒めるべきだと思っています。

実は恋愛と子育てには共通点がいっぱい。

恋愛成就のコツに、「聞き上手」があります。人は誰でも、自分の話や意見を聞いてほしい、スゴいね、と言ってほしい、という承認欲求があります。

相手に認められることで自分の存在をより一層肯定できる、他人の役に立っていると思える、なんだかわからないけどハッピーだと思える。そんなふうに、聞き上手な人が相手の承認欲求を満たして想いを遂げたストーリーは山ほどあります。

子どもは、大好きな親に自分のことを夢中で話します。僕を、私を、120％受け止めてほしいのです。

子どもは日々いろいろなことをしでかしますが、どんな行動も言葉も態度も「ママ、大好き！」「パパ、大好き！」と精一杯表現しているだけです。

寂しいときは、お腹や頭が痛くなったりします。構ってもらえないときは、機嫌を損ねたりします。やんちゃをして何かを壊したりすることだってあるでしょう。反対に親御さんから過度な期待をかけられてそれをストレスに感じてしまうと、心にゆとりがなくなって一杯いっぱいになったりするかもしれません。

そこは親御さんが子どもの表情や行動をよくよく観察して、心のこもった話し合い、手を握ったり、頭を撫《な》でたりといったボディタッチなどを通じてうまくコントロールしてあげるべきところ。対話やコンタクトなどを満足にしないうちに、叱ったり、「しつけをしなきゃ」とエラそうに出しゃばったりしてはいけないのです。**子どもに対する親御さんの態度は子どもの自己肯定感に計り知れない影響を与えます。**しかもその影響は一生涯にわたって続くと覚悟してください。

私たち大人は自分でアップデートの努力を続けない限り、日々ただただ老いていくだけですが、子どもたちは日々成長しています。その成長ぶりは大人の想像よりもうんと早いので、夜ベッドに入って眠って朝を迎えたら、まるで別人のように成長しています。

ですから、**「昨日たっぷり褒めたから、今日は褒めなくてもいい」と油断してはダメ。**成長して別人になっているのですから、また一から褒め直しです。

すべて自分でやれる＝「自立」ではない

――親子関係を主従関係と取り違えてはいけない

親御さんなら誰しも、子どもには自立した立派な大人になってほしいと思うものです。ただし、自立した人間に育てるために、**親御さんが何も手出しをせず、何でも子どもにやらせるというのは大きな勘違い**だと私は思います。

娘が小さい頃、私はこんな体験をしました。

小学校に上がるまでの貴重な時間を有効活用して目一杯家庭教育をしたかったので、私は娘を幼稚園には行かせないつもりでした。でも、「地域の友達もできるから、1年くらいは通った方がいいよ」と友人からアドバイスされたので、娘を連れて近所の幼稚園の授業を見学に出かけました。

飛び入りで授業に参加させてもらったら、娘が座った席の机に置いてあったプリントが何かの拍子にはらりと床に落ちました。

近くにいた私が何気なく手を伸ばし、拾ってあげようとしたところ、それを見ていた先生から「すみれちゃん、自分で拾いなさ〜い！」とすかさず大きな声がかかったのです。

先生から言われた通り、娘は自分でプリントを拾いましたが、私は「こんなところにすみれを預けるのは絶対に無理！」と即座に思いました。結局、娘は別の幼稚園に1年だけ通いました。

プリントも拾えるし、洋服もかけられるし、何でも自分でやれることが自立であり、そのために小さいときから何でも子どもにやらせるという親御さんは結構多いようですが、子どもに何でも自分でやらせておけばひとりでに自立心が養われるわけではないでしょう。

最初は親御さんが率先してやってあげてお手本を見せた方が、子どもは「こうやればいいんだ」とわかって自分でやるようになり、早期に自立するのです。

自立心を育てるつもりだとしても、「プリントを自分で拾いなさい」とか「洋服はちゃんとかけなさい」などとしょっちゅうガミガミ言っていると、知らない間に指示行動、ディシプリン（しつけ）行動になってしまいます。

それはおそらく「こうしなさい」と言い続ける行為が、親御さんの快感になっているからでしょう。

子どもよりも自分の立場が上と考え、親子関係を主従関係と取り違えているのかもしれません。

親と子どもは赤の他人ではありませんが、他者であり互いに別人格です。だから上も下もありません。自分も他者から一方的に「こうしなさい」と指示されるのはイヤだし、気分が悪いはず。

自分がイヤなことを押し付けるのではなく、子どもを信じて人生の先輩としてお手本を見せてあげてください。

○大人になったら、うまく周囲に頼れる能力が必要になる

指示行動、ディシプリン行動ばかりに走っていると、高校生になっても親御さんが「宿題、やったの！」とか「忘れ物、ないの？」と言い続けることになり、**指示がな**

いと動けない指示待ち族になって何歳になっても自立できない恐れがあります。

親から「こうしなさい！」と言われ続けていると、子どもの自己肯定感が下がります。プリントを落としても拾ってもらえずに、「自分で拾え」と言われると「自分はプリントすら拾ってもらう価値のない人間だ」と卑下して自己肯定感が低下するのです。

日本、アメリカ、中国、韓国の高校生を対象に自己肯定感を調べた調査では、他の3か国と比べて日本の子どもの自己肯定感が低いという結果が出ています。

そして**「自分はダメな人間だと思うことがあるか」という問いにイエスと答えた子どもの割合**を比べたところ、中国56・4％、アメリカ45・1％、韓国35・2％だったのに、**日本では72・5％と突出して高くなっていました**。これでは日本の子どもたちが可哀想です。

昔テレビで、保護者のいない児童、虐待されている児童が入所する児童養護施設を取り上げたドキュメンタリー番組を観《み》たことがあります。

なかには親に見捨てられてしまい、自分には価値がなく、誰も自分を助けてくれないと思い込んでいる子どももいます。

ある子どもは誕生日に寮母さんから文房具をもらっても、それまで贈り物をもらった体験がないため、「ありがとう」という言葉すら出てきません。

自己肯定感がマックスに低くなり、何かをもらう価値がない人間と思っているので、どう対処したらいいのかわからないのです。何日間も部屋で悩んだ結果、番組の最後でその子は大泣きしながら寮母さんに「ありがとう」とやっと言えていました。

自己肯定感が下がると他人に甘えられなくなり、何も頼めず、頼れなくなります。すべて自分でやるのが自立だと誤解して、**一人で何でもやろうとすると仲間もできないし、欠点を見せられないのでサポートも受けられなくなる**恐れがあります。

親御さんが無条件に愛情を与えて自己肯定感を高める教育が何よりも大事です。そのためには何かをつねに指示しながら自立を促すようなやり方はマイナスだと私は思っています。

やってはいけない親の態度ワースト5

――「もしこれが恋愛だったら」、こんな態度は絶対取れない！

褒めることが、親御さんが子どもに対して取るべき最高の態度であり、子どもが自分を超える立派な人間へと成長する契機を与えられるのだとしたら、「これは絶対にやってはいけない」という態度もあります。

愛情をいっぱい向けてくれる子どもたちの百年の恋も一気に冷めてしまうような、親御さんの態度ワースト5を（自戒を込めて）発表したいと思います。

ワースト1　子どもの前で他人の悪口を言う

子どもも知っている人物に対する悪口を、ペラペラしゃべったりしていませんか？

どのような理由があっても子どもの前で他人の悪口を言ったりしないこと。なぜなら、**子どもは親御さんの様子を1秒たりとも見逃さない**ので、真似をして悪口を言うようになってしまうからです。

親御さんが悪口を言っているのを間近で聞いている子どもは、外で必ずその内容を漏らしてしまいます。そして「他人の悪口を言ってはいけない」という良心を子どもなりに健気《けなげ》に守ってきたのに、口を開けば悪口を言い触らすような人間に変貌してしまい、それが一生涯続いてしまいます。


世の中には自分勝手で非常識な人はどこにでもいます。でも、彼らの悪口を言いたくなったらぐっと胸の奥にしまい込んで削除し、代わりに褒めたい人、感謝したい人の顔を頭に思い浮かべてください。そして「Aちゃんのお母さんはこの間、こんなことをしてくれたのよ。本当にありがたいね」と笑顔で他人への感謝を口にしましょう。

ママやパパが他人の悪口を言わず、折に触れて周囲への感謝を表現している家庭では、子どもたちも悪口を口にしなくなり、つねに感謝の心を忘れない人間になります。そうすれば感謝する心を中心に人の輪が生まれて、あなたの子どもはみんなから大事にされ愛される存在になってくれるでしょう。

親御さんは子どもが人生で初めて出会うロールモデルなのですから、お手本になれるように言動に気をつけてください。

ワースト2　子どもに対する言葉遣いがついきつくなったり、要求が多くなったり、遠慮がなくなったりする

「〜〜はもう終わったの？　まだなの？　早くしなさい！」

「何度言ったらわかるの？　もういい加減にしなさい！」

ママとパパにラブラブモードの子どもに対して、親子という関係に慣れきってしまい、無意識にこんな言い方をしていませんか？

親子だといっても、たまたま何かの縁でそうなっただけ。同じ屋根の下に住んでいるからといって、親御さんが子どもにそんな冷たい物言いをする権利はありません。

もしこれが恋愛だったら、たちまち引かれてしまい、運命と思ったほどの恋愛も即刻強制終了です。

少し前に『伝え方が9割』というビジネス書がベストセラーになりましたが、同じ

内容でも伝え方次第で相手の受け止め方は180度変わるものです。

たとえば、**「～はもう終わったの？　まだなの？」**ではなく、**「～はどこまで進んだの？　そこまでできるなんてエラいね」と褒めてあげましょう。**

頭ごなしに否定するのではなく、初めに丁寧に具体例を出して褒めてあげて、子どもの価値観や行動を肯定します。それから「じゃあ、次はもう少し早くできるようになるかもね」と親御さんが伝えたい内容を語りましょう。

最初から否定されてしまうと子どもの自己肯定感が下がります。それに一度相手を認めてから、こちらの言いたい内容を優しく語りかけると伝わりやすくなります。

ワースト3　子どもは成長しているのに親の方は何もアップデートされていない。むしろダウングレードされてパフォーマンスが落ちている

子どもたちは誰でも、自分のママとパパにはずっと輝いていてほしいと願っています。一人の人間として、子どもががっかりするような大人にならないでください。

共働きで忙しいというのは理由になりません。

恋愛中、忙しいからといって好きな相手に残念なところを見せたりするでしょうか？

学校の5教科の勉強に習い事と、子どもたちだって忙しいのに、親御さんと学校、学習塾や社会から絶え間なくアップデートを迫られています。その要求に応えて子どももも頑張って成長しているのですから、ママとパパだって家事や仕事に忙しくても負けずに日々精進して自分磨きを忘れないようにしたいもの。

最低限、家のなかは断捨離で整理整頓してキレイに保ち、洋服や身だしなみにも流行を取り入れて清潔感を保ちます。**自分の子どもの前だからといって、油断して家のなかでダラしない格好で横になったりするのはＮＧ**です。子どもは別人格であり、配慮や遠慮がいらない〝気が置けない人〟ではないのです。

話題の本、最新の映画にもつねに触れて、美術館やコンサートに足を運んで感性を磨きましょう。子どもたちはいつでも親の一挙手一投足に注目しているのです。

ワースト4 子どもがいるのが当たり前になり、空気同然になって緊張感が乏しい

子どもがこの世に生まれ出た瞬間、「生まれてきてくれてありがとう！」「何かあってもママとパパが全力で守る！」と泣きたくなるほどトキめいた自分はどこへやら。子どもが空気同然の存在になって、緊張感がなくなっていませんか？

先ほど触れたように、家のなかだからという理由でダラしない格好や姿を見せても平気になっているとしたら、残念ながらその可能性が高いと思います。

私が子育ては恋愛に似ていると思うポイントはここ。恋人との出会いに始まり、自分の良いところを見せようと涙ぐましい努力をする、見た目を整える、いつ訪問されてもいいように部屋を片付ける、そんなことをしていた頃を思い出してください。

いまはトキメキはないけれど、お互いリラックスした関係になったから十分だ、なんて思っていませんか？

いいえ、その緊張感の欠如は、人生を半分捨てています。人生の楽しみは「トキメ

キ」の感動でできているのです。

子どもが生まれた瞬間の感動を、折に触れて思い返してください。

「～～してくれてありがとう、ママとパパは本当に嬉しいよ」

どんな小さな行いや態度も見逃さないで、機会を見つけて毎日子どもに嬉《うれ》しそうに微笑《ほほえ》みかけてください。それは子どもの自己肯定感を高めます。

子どもが嬉しそうにしている姿を見るのが親御さんの喜びであるように、**親御さんが嬉しそうにしている姿を見るのは子どもたちの何よりの喜び**なのです。いつも子どもにトキめいている、子どもの新しい魅力をつねに感じ取れる親でいてください。

ワースト5　愛情がまったく感じられない

ラブラブの気持ちで接してくる子どもたちに対して、「うんうん」とスマホやタブレットの画面に目を向けたまま生返事をしたり、「うんわかった。あとでね」と言ったのにその後何のリアクションもしなかったり……。

親御さんに緊張感がなくなると、知らない間にそんな冷たい態度を取りがちです。

これでは子どもは、親御さんに愛してもらっているのかどうか不安になります。好きだとしっかり伝え続けましょう。

「あのね」と子どもが何か話しかけてきたら、スマホやタブレットをしまい、目をじっと見てきちんと話を聞いてあげてください。そこにはきっと宝もののような物語が隠されています。

そして**手をつなぐ、頭を撫でる、抱きしめるなどのボディタッチの回数を増やして、愛情をわかりやすくシンプルに伝えましょう。**

以上のワースト5、思い当たるところはありませんか？　日常の雑事に流されて、子どもがそばにいてくれる感動が薄れてしまうと、こんな残念な態度に気づかないものです。

わが子の潜在的な力を伸ばすたった2つの方法

――「安心して」「大丈夫」と、言葉と態度で愛情を伝える

遥か高みを目指そうという志を抱いて、足元ばかり見て急斜面を登り続けていると、知らない間に視野が狭くなっています。そして長い時間をかけてようやくゴールに達して顔を上げたときには「あれれ、こんなはずではなかったのに……」という悲しい結末が待っていることもあります。

少なからぬ犠牲を払ってたどり着いたにもかかわらず、ゴール地点に立ったら時代のトレンドから大きくズレていたり、山頂にあまりに多くの人が登ってきて目立たなくなってしまったり、それまで我慢したことが多すぎて燃え尽き症候群（バーンアウト）に陥ったりするケースもあるのです。

毎日鏡を見ていると自分の老化を見逃してしまうように、気をつけないと容易に自覚できないものですが、子どもたちの世代と比べると親御さんの価値観はみるみる古くなっています。

親御さんが自らの足元ばかり見て、新しい価値観が頭に馴染《なじ》まないくらい頑迷固陋《ころう》になり、カビが生えたような昔の常識や過去の栄光や成功体験にしがみついていると、親子で頑張っているつもりなのに間違った方向へ進むことも考えられます。

そんな親御さんをガイド役にして子どもが山に登ると、頂上に立ったときには残念な結果になりかねません。

富士山が高いのは、裾野が広いから。親御さんは富士山の裾野のように広い視野を持って子どもをゴールまで導くようにしてください。

子どもの未来を切り開き、潜在的な力を伸ばしてあげるポイントはたった2つです。

①リスクを取って予測可能な道をあえて選ばない。
②失敗を必要以上に恐れず、小さな賭《か》けに出る。

リスクを取って冒険し、小さな失敗を恐れない子どもに育てるために、親御さんは失敗を認め、無償の愛でじっと見守ってください。

そして「いつも見ているよ」「安心していいよ」「大丈夫だよ」という言葉と態度で明るく接して、温かいスキンシップで愛情を伝えてあげましょう。

そんなポジティブなママとパパだけが子どもの将来性を広げ、新しい世界へと羽ばたくきっかけを与えられるのです。

リスクを取れる子どもに育てる
――不確実な時代をサバイブするために必須の素養

少子高齢化による人口減少、グローバル化、格差の拡大、気象変動、ＡＩやＩｏＴといったＩＴ技術の長足の進歩……。21世紀の日本、あるいは地球全体がこれまで以上に不確実な時代に突入するでしょう。

そうなると、子どもには**自らの頭で考えて状況判断を下し、自分でサバイブしていく知的な能力や創造性が欠かせない資質**になります。

医者になれば経済的に安定するとか、公務員になれば一生食べるのには困らないといった古い時代の常識が通用しなくなり、過去の常識で安定性を求めたつもりなのに結果的に不安定な人生に陥る危険もあります。

そんな時代に大切になってくる素養は、リスクが取れるかどうか。

〝リスクを取る〟とは、命の危険を冒すような無謀な試みを意味するのではなく、**失敗を恐れないで好機をものにする行動**を指します。子どもの頃から敷かれたレール上を走り、安定志向から外れることを恐れているとリスクが取れなくなります。

娘は地方都市の公立高校からハーバード大学を受験しました。

私が外野からそそのかしたわけではなく、高校2年のときにハーバード大学を訪ねてその自由な雰囲気に惹《ひ》かれた彼女が一人で下した決断ですが、世界中からたった1700人しか合格しない、しかも国外の大学を10か月という短期間の準備だけで受験するのは大変なリスクです。

安定志向から外れたくないという思いが強すぎると、世界の大学ランキングでは上位に入っていないと知っていながらも、合格する保証がないハーバード大学ではなく、国内の有名大学を受験して入ろうとしたでしょう。

ただ、娘も最初からリスクを取る覚悟ができていたわけではありません。

娘は小学生の頃、修学旅行をキャンセルして、ファンだった故・十八代目中村勘三郎さんの襲名披露を観るために東京・歌舞伎座まで家族で出かけました。

「修学旅行と重なったけど、勘三郎さんの襲名披露を観るのは生涯にただ一度のチャンスだから、私はこちらを選びたい」と自ら決断したのです。

学校側にも理解があり、担任の先生も「そういうことなら、いいよ！」と快諾してくださいましたが、場合によっては学校側から悪い印象を持たれて内申書の成績が下がるリスクもあったと思います。それでも娘は自分で襲名披露を選びました。

何事も積み重ね。子どもの頃からリスクを取る経験をコツコツと積み重ねていると、リスクを取れば自らのオプションが広がることを実感しますし、リスクを取るということの心理的なハードルが下がってきます。襲名披露の一件は小さな一歩ですが、その後のハーバード大学の受験にもつながっていると私は思います。

○ハーバード生も不思議がる「なぜ日本の若者は起業しないのか？」

娘と同じようにハーバード生も将来性を広げるためにはリスクを恐れません。リスクを恐れていたら進歩もないとわかっているのです。

ハーバード生には、卒業後の初任給で年収11万ドル以上が8・3％、9万ドル以上が20・5％という（ハーバード・クリムゾン：ハーバード大学２０１７年卒業生の調査より）好条件で企業からラブコールを受ける優秀な人材がゴロゴロいます。彼らはラブコールに応じて数年間働き、より条件の良いところへ転職。ある程度スキルが身について資金も貯まったら、迷わずスタートアップ（起業）します。

新しい事業を立ち上げるスタートアップこそリスクを取らないとできない試み。新たに起業した会社が10年後も続いている確率は5～6％だといわれているほどですから、いくら優秀でも起業にはリスクが伴います。

サマー・イン・ジャパン（ＳＩＪ）のボランティア講師を務めてくれるハーバード生たちは口を揃《そろ》えて「日本の若者には起業する人がなぜこんなに少ないの？」と不思

議がっていますが、それは**アメリカ人と比べると日本人はリスクを嫌う安定志向が圧倒的に強い**からでしょう。

ハーバード生だけではありません。アメリカの労働省労働統計局（BLS）が1957〜64年に生まれたベビーブーマー約1万人を調べた追跡調査では、彼らは18〜24歳で平均5・5の職に就き、48歳までに平均11・7の職を経験していました。アメリカ人にとって転職は日常なのです。

視野を広げて自らを高めてスキルアップするには転職は一つの有力な手段ですが、リスクを取らないとできません。

日本でも転職をチャンスと前向きに捉えたり、起業を志向したりする若者が増えてきましたが、アメリカと比べるとまだまだ少数派。終身雇用、年功序列という高度経済成長時代の遺物に憧れを持ち、「正社員として安定した職場で働けるなら、年収300万円でも喜んで！」という安定志向が強いタイプが多いのです。これではやる気があってもブラック企業の餌食《えじき》になるだけ。

リスクが取れる子どもに育てるためには、**子どもが「〜〜してみてもいい？」**と尋

ねてきたときには、親の目でリスクを検討して子どもに肉体的な危険が絶対なさそうなチャレンジなら「いいよ！」と挑戦を後押ししてあげる態勢を作りましょう。

ＩＴ技術が、15世紀のヨハネス・グーテンベルクによる活版印刷革命以上の勢いで世界を変えており、1か月が1年にも2年にも思えるようなスピード感で状況が変わりつつある現実から目を逸《そ》らしてはいけません。

現状維持は後退です。1年先、2年先、5年先がどうなるかを予測しながら、それを踏まえてあえてリスクを取る行動をする覚悟が求められるのです。

私が好きでよく引用するコンピュータ・サイエンティスト、アラン・ケイの「未来を予測する最善の方法は未来を発明することである（The best way to predict the future is to invent it.）」という名言のように、未来のトレンドは自分たちで作るという気概で家庭教育に取り組んでください。

○台風で家が浸水！　それでも娘はコンクールへ

リスクを恐れないチャレンジはときとして失敗に終わることもあります。

2004年、娘が11歳のときに大きな台風が地元大分を直撃。記録的な大雨でわが家は浸水し、大事なグランドピアノも流されてしまいました。私たち一家は祖母の家にボートで避難。娘もバイオリンを抱えてボートに乗り込みました。

娘は泣いていましたが、その2週間後にエントリーしていたバイオリンのコンクールがありました。

「コンクール、どうするの?」と聞いてみたら、娘は「どうしても出る」と言います。

一気に浸水したので下手をすると命の危険もあり、運良く助かったとはいえ心理的な動揺は大きいものがありました。そんな状況下でまさか「出る」という答えが返ってくるとは、私も想像していませんでした。

それでも娘の意思を尊重して出場にゴーサインを出したのですが、優勝を狙っていたのに1位が取れず、娘はボロボロ泣いていました。

そこで「台風でひどい目に遭って動揺していたのだから、勝てなくても仕方ないわよ」といった安易な慰めの言葉をかけることはしませんでした。本人だって自然災害が言い訳にならないのは百も承知です。

どんな言葉をかけたのか正確には覚えていませんが、丸一日はそっとしておいて「いまできるベストを尽くしたね」といった内容の言葉をかけた覚えがあります。

コンクールは大勢の聴衆の面前で行われますから、負けたときの屈辱とショックは一層大きいもの。この例に限らず、娘はすべてのコンクールで1位になっているわけではありません。

リスクを取ったうえでの**失敗経験を何度も繰り返し、その痛みを乗り越えながら子どもは成長する**のです。

失敗を恐れない強さを身につけさせる
――やがて成功につながると教えるのは大人の役目

いまの若い世代には「失敗するくらいなら、初めから挑戦しない方がいい」というメンタリティがあり、傷つくのはイヤだから恋愛しない若者もいるそうです。

２０１６年に発表された国立社会保障・人口問題研究所の調査によると、回答した18〜34歳の独身者５２７６人のうち、男性の７割（69・８％）、女性の６割（59・１％）には異性の交際相手がいないという結果が出ています。

交際相手がいない理由はさまざまでしょうが、私の英語教室の男子中学生にアンケートをしたところ、過半数が「振られるのがイヤだから告白しない」と答えています。

誰だって振られるのはイヤですが、恋愛に限らず、**リスクを取って失敗するからこそ、次の成功があります**。傷つくのがイヤ、振られるのがイヤという理由で告白をしなかったら、１００年経っても交際相手ができるわけがありません。

ハーバード大学で初の女性学長となったドリュー・ファウストさんは、２０１２年、娘のハーバード大学入学式のスピーチで、「間違うことを恐れないでください」「これまでの成功はすべて忘れて、リスクを取って自分の殻を抜け出してください」とおっしゃいました。

そんなファウスト学長おすすめの本は、キャスリン・シュルツの『Being Wrong: Adventures in the Margin of Error』(Ecco) です (その和訳版として、『まちがっている　エラーの心理学、誤りのパラドックス』〈青土社〉があります)。

人間は間違えることを必死に避けようとするが、それは間違っている。想像力が豊かであるからこそ間違えるのです。正しさという狭い認識に閉じこもっていないで、間違いをポジティブに考えよう、と唱えています。

「あえて間違えてみましょう。人が学び、成長するには間違えるのがいちばんなのです」

ファウスト学長は2017年の卒業式の祝辞で、こんなふうに卒業生たちを激励しました。

失敗を成功へ導くには、次の失敗を恐れずに挑戦し続けることが大切です。**一度や二度の失敗にメゲてやめてしまったら、失敗は失敗のまま**で終わります。

発明王エジソンは、電灯を発明するまでに1万回の失敗を繰り返したそうです。そのことをインタビューで尋ねられた彼は「私は失敗したわけではない。ただ1万通りの、うまくいかない方法を見つけただけだ」と涼しい顔で答えています。

そして「私たちの最大の弱点は諦めることである。成功するもっとも確実な方法は、つねにもう1回だけ試してみることだ」という名言を残しています。

○わが子が能力別のクラスを下げることになったとき、どう対応する？

私の英語教室は能力別の無学年制で、小学1年生から高校3年生までが学齢に関係なくそれぞれの英語の実力に合った同じクラスで学びます。そこで子どもが授業についていけなくなり、クラスを下げることになったときの親御さんの反応は、大きく分けると次のAとBという2タイプに集約されます。

Aタイプの親御さんは「わかりました。うちの子は下のクラスでもう1回やり直したいと思います。ついていけなかった理由が知りたいので、ぜひ教えてください。今後もよろしくお願いします」という連絡があります。失敗を糧《かて》にして子どもを成長させようという気持ちがあるタイプです。

Bタイプの親御さんは「これ以上子どもが英語嫌いになったら困るので、今月でやめさせていただきます」というメールできっぱりやめてしまいます。「他の子はできるのにうちの子だけがなぜできないの？　おそらく先生との相性が悪いか、先生の教え方が悪いかのどちらかだ！」と何となく思い込んでしまうのでしょう。

でも、Bタイプの親御さんのように失敗した時点で挑戦を終えてしまったら、何が失敗の原因なのかがわからないまま。せっかく失敗をしたのですから、原因を分析して次のステップへ活かすべきです。

Bタイプの子どもは英語だけではなく、国語の読解力が弱いケースが大半。それなら**日本語の読み書きを通じて国語の読解力を伸ばしてやれば、国語だけでなく英語も伸びる**見込みがあります。

その他の原因としては目が悪い、もしくは「ディスレクシア（発達性読み書き障害）」も考えられます。

ディスレクシアだと文字全体がゆがんで見えたり、ボ～ッと霞《かす》んだりしますから、文字の読み書きが苦手になるのは当然。英語のアルファベットはわずか26文字しかないうえに、漢字のように文字そのものが意味を持つものではなく、形がよく似ている文字が数多くあるため、日本語よりも英語で起こりやすいと言われています。

でも、ディスレクシアは日本語でも起こります。下村博文《しもむらはくぶん》元文部科学大臣のご長男もディスレクシア。小学校のときに漢字テストができなかった長男を怠けていると勘違いして「お父さんがこんなに頑張って教えているのになめているのか」と怒り、下村さんはあとでディスレクシアだったと知って激しく後悔したそうです。ご長男はその後、ロンドンの芸術大学に進学し、アーティストとして活躍されています。

目が悪いだけなら、眼鏡の度数を再調整したり、プリントやテキストを拡大コピーしたりすればいいだけ。ディスレクシアなら早めに病院で診てもらう、ディスレクシアの子どもの長所を伸ばす教育機関を探すなどの対応をする必要があります。こうした自分の弱点も失敗して初めて明らかになってくるのです。

○ 子どもが失敗するたびに怒るのは最悪の対応

リスクを取る、失敗を恐れないという教育の大前提になるのは、人は誰でも変われるという事実。

大人はそれまでの人生体験で失敗が成功につながると知っていますが、子どもたちはそんな体験をまだしていないので、英語のクラスが一つ落ちるだけでもその子にとっては大きな事件です。

「いやいや、これはきっとこの先何かの役に立つ」とは自分だけではとても思えないでしょう。

人は変われる、失敗が成功につながるとわかっていないと、子どもは失敗するたびに落ち込んで自己肯定感が下がります。ですから、**自己肯定感が下がらないように親御さんが「失敗してもいい」と言い続けておく**のです。

子どもが失敗するたびに怒るのは、最悪。大好きなママやパパに怒られると子どもたちはすっかり萎縮してしまい、臆して果敢なチャレンジを諦めるようになります。

小さな子どもは、親の喜ぶ顔が見たい、親の笑顔のために努力を惜しまない、という一面を持っています。大丈夫、とニコニコ受け止めてくれる相手がいれば誰だって嬉しいもの。

教育でもビジネスでも、短期でクリアするべき目標と長期でクリアするべき目標があります。

たとえ**いまは失敗続きで短期目標がクリアできなくても、努力を続けているうちに苦手を克服して長期目標がクリアできたらそれでOK**。結果オーライです。

だから「一時的に失敗しても気にする必要はない。長い目で見ようね」と子どもに伝えてください。

先ほどの例に戻ると、目が悪いのは子どものせいではないですし、努力が足りないわけでもありません。

「来週からクラスを変えてみようね。3年後にあなたが小6になったときに好きな本が英語で読めて、映画も字幕なしでOKになるのを目標にして、いまは弱点を克服していこう。すぐにできるようになるよ」と具体例を伝えると、子どもはホッとして納得してくれます。

短期的には泣きっ面にハチで失敗が連続するケースがあるかもしれません。人間には誰でも好不調がありますから、成績が落ちまくり、習い事もやめたくなる局面がありますす。それについても最初から「イチロー選手だってスランプに陥ることもあるでしょ。人間は常時絶好調ではなく、好不調の大きな波があるのよ」と子どもに伝えておいてください。

失敗してもそこから学んでまた挑めばいい、人間は変われる、目標には短期と長期がある、何事にも好不調の波がある……。こうした事実は大人には常識でも、人生経験の浅い子どもには常識ではありません。

だから、ママとパパの口から「失敗してもいいよ」「あなたも変われるよ」「長い目で見ようね」「スランプからV字回復するパターンもあるよ」と教えると子どもは安心します。そして失敗を恐れずチャレンジする人間に成長するのです。

子ども部屋で勉強させてはいけない
――リビングを家庭教育の基地として有効活用

その昔、欧州諸国から〝うさぎ小屋〟と揶揄《やゆ》されたように、日本の住環境は決して恵まれているとはいえません。とくに首都圏を始めとする都市部では、手狭な住まいなのに借りたり買ったりしようとすると莫大《ばくだい》なコストがかかります。

今後、日本が本格的な人口減少社会を迎え、空き部屋が増えてくると住環境は多少変わってくるかもしれませんが、人口が減ると経済規模が縮小して賃金も上がらないので、相対的な住環境のコストが大きく下がらないことも考えられます。

住まいが手狭なのにコストがかかるとしたら、家庭の大事な資産・財産（アセット）として最大限に活用したいもの。

住宅でいちばん広いのはリビングルーム（またはＬＤＫ）ですから、まずはリビングルームを徹底的に活用します。

子どもがいる家庭の最優先事項は教育ですから、リビングを単なるくつろぎの場所、食事をする場所として捉えないで、教育の場として役立ててください。**図書館兼学校兼自習室**として機能させるのです。

住まいでもっとも狭くて居心地が悪い子ども部屋に子どもたちを押し込めるのではなく、**いちばん広いリビングでのびのびと勉強してもらいましょう**。リビングならママやパパがそばにいて一緒に勉強できますし、読書や文化資本（117ページ参照）を伸ばす活動、楽器の演奏などの得意を伸ばす活動にも使えます。

スポック博士の時代には、個室を与えた方が子どもの自立が早まるとか、子どもが勉強に集中できるという意見もありました。

でも、家庭教育は家族みんなが参加するものであり、勉強は子ども部屋という個室で孤独にするものという発想はすでに古くなっています。Google のようなアメリカの先端企業でも個室をなくして、仕切りのないオープンなスペースで社員同士が自在に交流しながら創造性を高めています。

いわゆる勉強机も不要。〝勉強机〟というネーミングから頭に浮かぶのは、机に向かって5教科の宿題を一生懸命カリカリやるというイメージですが、学習編で詳しく述べるように、もはや5教科だけをやれば済む時代ではありません。

住まいというアセットを効率的に活用するなら、5教科の勉強のためだけに使う机を置くスペースを割くのはもったいないと思います。かといって〝勉強机〟をリビングに移動させるのはなんだか親が子どもを監視しているよう。

わが家のリビングには長さ2メートルほどのテーブルがあり、娘は大抵そこで勉強をしていました。大きめのテーブルを一つ買っておけば、食事もできますし、家庭教育の基地にもなります。

「〜〜しなさい」は子育てのNGワードですから、「リビングで勉強しなさい」と親が言わなくても、子どもの足が自然に向くような居心地の良いリビングであるべきです。

雑然としていると居心地は悪くなりますから、シンプル・イズ・ベストの精神でなるべく余計な小物などを置かないで整理整頓を心がけます。季節の花々をさり気なく飾ります。

娘にとってもリビングは居心地が良かったのか、彼女が自分の部屋に行くのは、眠るときと誰にも見せない日記を一人で書くときくらいでした。

○テレビをこう使えば、学習意欲はどんどん高まる！

マンションのモデルルームの見学に出向くと、リビングのいちばんいいスペースには大画面薄型テレビが置いてあり、その前にソファーがセットされています。ソファーに座ってテレビを観るのが幸せな一家団欒《だんらん》と言わんばかりですが、昭和と同様にいつまでもリビングの主役がテレビでいいのでしょうか。

テレビがまだ贅沢《ぜいたく》品で床の間に置いてあったような時代は遠い昔になり、情報提供やエンターテインメントの主役はインターネットになりました。

アメリカでも日本でも、いまどきの大学生はテレビを持っていません。インターネットに接続できる持ち運び可能なデバイスがあれば十分なのです。

そんなこれからの時代は、テレビの活用方法も家庭学習に大きく影響します。自立したできる子が育つ家庭Aと、受動タイプの子になる家庭Bでは大違い。

家庭Aは、Ｗｉ－Ｆｉに接続可能ないわゆるスマートテレビを家族が集まる部屋の壁にかけ、テレビとしてではなく、世界のニュース・映画・ゲーム・オンライン学習などマルチタスクをこなすデバイスとして使用します。

外国語の習得には海外のドラマや映画を観ることも有効なので（220ページ参照）、世界に1億人の利用者がいる映画・ドラマのストリーミングサービス、Netflixなどで、家族で映画にハマるのもありです。

また、**BBC**（イギリスの公共放送局）**が無料で提供しているオンライン英語学習ページ、Learning English にアクセスすると、6 Minute English という学習用の6分動画があります**。毎回とても面白いテーマを取り上げ、しかもページ上には関連問題が付いているので、家族で挑戦できます。

このように、親が新しいテクノロジーを駆使してテレビの上手な使い方を示し、一緒に楽しめば、子どものワクワク感が向上し、学習の動機付けができます。

一方、家庭Bです。リビングの真ん中にテレビがあり、ママとパパがいわゆる昭和時代を彷彿《ほうふつ》させるテレビ番組ばかり観ています。

子どもも暇さえあれば、親と同じ行動を取ります。「テレビばかり観ていないで、早く勉強しなさい」そう言っても聞きません。なぜならロールモデルが欠如しているからです。子どもはママとパパの背中を見ていて、それをそっくり真似しているだけなのです。挙げ句「家では全然勉強しないので、塾の自習室に行かせています」というのは論外。

わが家ではテレビは夫婦の寝室に置いてありました。私は息抜きに録画したホームドラマをたまに観ていました。

テレビをどこに置くかは住宅事情にもよりますが、家のなかでいちばん良い場所を無条件でテレビに明け渡すのはそろそろ考え直した方が良いと私は思います。

本好きな子に育てるために親がすべきこと
——リビングのベストポジションにこそ本棚を

自宅のリビングルームのベストポジションにしつらえるべきなのは、大画面モニターを置くテレビ台ではなく本棚だと私は思います。

インターネット時代になっても読書の重要性は変わりません。活字離れが進んで、何でもネット経由で情報を取る人が増えてくると、逆に活字からも情報を取ってこられる能力の希少性は高まってくるでしょう。

日本の子どもたちはどのくらい本を読んでいるのでしょうか？

公益社団法人全国学校図書館協議会と毎日新聞社が2016年5月1か月間の読書状況を調べたところ、1か月当たりの読書量は小学生が11・4冊、中学生が4・2冊、高校生が1・4冊となっています。

そして1か月間に1冊も本を読まなかった子どもの割合は小学生が4・0％、中学生が15・4％、高校生が57・1％となっています。

小学生よりも中学生や高校生の方が本を読まないのは、日本特有の詰め込み教育のせいで自由な時間が取れないのが原因かもしれません。

2009年に行われたOECD（経済協力開発機構）の学習到達度調査によると、

図書館で楽しむために本を借りることがまったくないと答えた日本の子どもは51・7

％と過半数に達しており、ＯＥＣＤ加盟国平均の47・0％を上回っています。また、学校の学習のために本を借りることがまったくないと答えた日本の子どもは63・3％であり、ＯＥＣＤ加盟国の平均である35・9％を大きく上回っています。

子どもの図書館離れの背景には、インターネットの普及などの要因も考えられますが、日本以外のＯＥＣＤ加盟国でも同じようにインターネットは普及していますから、日本の図書館離れには別の要因も考えられます。

でも、これから5教科で養う学力以外の自主性、社会性、創造性などが重んじられるようになると、活字を通じた批判的思考や多面的な価値観の習得はより一層欠かせなくなります。

○読書で批判的思考と創造性を養う

各分野の古典を始めとして活字から学べる情報は貴重です。

インターネットは便利ですが、信憑《しんぴょう》性の低い情報、他のサイトからコピペされて拡散された出どころのはっきりしない情報も大量に含まれています。書籍にも信頼性の低い情報や古くなった知識は含まれていますが、少なくとも古典の価値は不変ですし、同じテーマの本を何冊か読むうちに何が正しいかが判断できるようになります。

「巨人の肩に乗る」という言葉があります。これは新しい創造やイノベーションは過去の先達の知見や発見といった〝巨人〟を踏まえたものだという意味であり、万有引力の法則で知られる17世紀の偉大な物理学者であるアイザック・ニュートンは、「私が遥か彼方《かなた》まで見通せたのだとしたら、それは巨人たちの肩に乗っていたからです」という手紙を書き残しています。

巨人の肩に乗って創造性を発揮するためにも、**先達の知恵を伝える本に慣れ親しんで読み込む習慣付け**をしておきましょう。ネットだけ、あるいは活字だけではなく、どちらにもアクセスできる家庭環境を整えてあげてください。

読書は、情報量を増やすために役立つだけではありません。これからの教育で重視される**「批判的思考（クリティカル・シンキング）」**の能力を高めてくれる働きもあります。

批判的思考とはあら探しするように批判的に物事を捉えたり、考えたりするという意味ではありません。自ら問いを打ち立てて、合理的に推論して、根拠を示しながら本質に迫る創造的な思考法であり、**グローバル入試の必須科目であるエッセイ（小論文）を書く力**を養ってくれます。

加えて読書を通じて知識の幅が広がり、さまざまな価値観に触れると自分と違った意見や感性を持つ他人に寛容になれます。寛容性が高いと多種多様なタイプの友達ができます。子どもは友達に触発される部分が大きいので、友達が「面白かったよ」と推薦してくれた本を読むようになり、読書の幅がより広がるという相乗効果も期待されます。多様な友達と交わると、異なる価値観を尊重する人間に成長できるでしょう。

○美術書や旅行ガイドで子どもの感性を高める

本を読む子どもに育てるにはどうすればいいのでしょうか？

子どものお手本は親御さんですから、ママとパパがつねに本を読んでいる家庭では、子どもはいつの間にか本を読むようになっています。

私が**ハーバード生およそ250人にアンケートした結果、自宅には本がたくさんあり、両親が年がら年中本を読んでおり、子ども時代は本を読むのが当たり前の環境で育った**という回答が多く見受けられました。

リビングに本棚があり、ママとパパがそこから本を選んで読書をしていたら、子どもは知らず知らずのうちに本を読むようになります。

フィクション、ノンフィクション、美術書、写真集、旅行ガイド、絵本、洋書といったさまざまなジャンルの書籍をキレイに並べて、子どもがつい手を伸ばしたくなるような素敵な本棚をしつらえてあげてください。

本棚を充実させるために百科事典や文学全集を慌てて買い揃えるのではなく、ママとパパも自ら成長するために多くの本を読み、それが結果的にリビングの本棚を豊かにしているのが理想です。

電子書籍でも読書はできますが、読みたい本がすべて電子化されているわけではありません。無料で読める古典は電子書籍で読む手もありますが、子どものうちは手に取って本という存在を体感することも読書好きを作る足がかりになります。

高い本は無理して買わなくても図書館から借りればコストは抑えられます。それでも美術書や旅行ガイドのように目で見て楽しみ、子どもたちの感性を育てる本は購入して手元に置いておいてください。

「うちの子どもは読書を勧めても本はまったく読まないで、遊んでばかりで困ります」という悩みの声を耳にすることもありますが、ママとパパが本を読まない人間だったら、子どももそうなる確率は高いと思います。

「子どもが遊んでばかりで本を読まない」と嘆く前にママとパパが本を読みふけり、その姿を子どもに見せてあげてください。

もしどうしても読書が苦手だったら、本が好きなフリをするだけでもいかがでしょうか。活字嫌いは、ひょっとしたら親御さん自身が作っているのかもしれないのです。

○ハーバード生に聞いた「親から学んだこと」

読書だけではありません。**ハーバード生に「両親から何を学びましたか？」という質問**をすると「ラブ・フォー・ラーニング（**学びを愛すること**）」、あるいは「バリュー・フォー・ラーニング（**学ぶことの価値**）」という答えが多く返ってきます。

「本を読まない」「勉強をしない」という不満は胸にしまい込み、子どもを連れて博物館や美術館を訪れて、学ぶ楽しさや価値を子どもに伝えてあげてください。

漫画やゲームの世界に夢中になっている子どもたちも、ひょっとしたらこれまで本にハマるきっかけがなかっただけかもしれず、ちょっとした契機さえあれば人が変わったように本を読むようになることがあります。

先日、私が開いた小学生の子どもを持つママ向けのセミナーに招いた講師の方は、東京大学を中途退学して順天堂大学医学部へ進んだという異色の経歴の持ち主。そして医学部に進んだのに大の哲学好きというユニークな方でした。

その方が哲学好きになった発端は、子どもの頃に読んだ『ソフィーの世界』だったそうです。『ソフィーの世界』は、ノルウェーの高校で哲学教師をしていたヨースタイン・ゴルデルさんが書いた本であり、全世界で累計2300万部以上を売り上げた大ベストセラーです。

この講師の話を聞いたセミナーの参加者からは、その後「『ソフィーの世界』を早速買いました。子どもが夢中になって読んでいて感動しています」という感謝のメールが次から次へと届きました。

何か一つのきっかけさえあれば、活字に興味を示さなかった子どもが本の虫に大変身するかもしれません。ママとパパが本をいっぱい読んで、子どもが夢中になりそうな本を見つけてあげてください。

読書は子どものポテンシャルを広げるだけではありません。ママとパパが知らない分野や苦手な領域について、もっとも手っ取り早く学べるのは本からです。幅広い教養を身につけるうえで大きな武器になってくれるのも読書です。

ママとパパが読書で見識を広げておけば、偏りのない柔軟な家庭教育が行えます。

子どもの読書のお手本になる以前から、親御さんはできるだけ多くの本を読んで富士山の裾野のような広い視野を養っておいてください。

私も娘を妊娠中に育児書を200冊読んだからこそ、そこから学べることがたくさんありました。古本屋さんでスポック博士の古い育児書を1冊だけ買い、それを鵜呑《うの》みにしていたら、娘はまったく違った子どもに育っていたでしょう。**巻末に私がおすすめする育児書をリストにまとめましたので、ぜひ手に取って読んでみてください。**

極端な例を挙げると、両親が筋金入りのナチュラリストであり、自給自足に憧れて都会から田舎に移住し、無農薬野菜を育ててハンティングしたイノシシを捌《さば》いて食べるような生活をしていたら、子どもはその枠組みでしか育てられなくなります。

この例に即して言うなら、何でもナチュラルがいちばんであり、都会暮らしは子どもにとって悪いというのは親の独りよがりの偏見。その偏見で人間性をモールド（形作る）されるのは子どもにとって迷惑以外の何ものでもありません。

繰り返しますが、親と子どもは別人格ですから、子どもを親御さんの都合でモールドすることは許されないと私は思います。

ＴｏＤｏリストは家庭教育にこそ活用すべし

——幼少期から時間の上手な使い方を身につける

中国の儒学者の「少年老い易く学成り難し、一寸の光陰軽んずべからず」というよく知られた言葉のように、学ぶべきことは数え切れないくらいあるのに、子ども時代はあっという間に過ぎ去ります。無駄にできる時間は１秒もありません。

そこで有益なのは、**日常生活でやるべきことをリストアップして、優先順位をつけて確実に片付けるＴｏＤｏリストの活用**です。

ビジネスパーソンには、仕事を効率化するためにＴｏＤｏリストを役立てている人は少なくありません。

私は家庭教育にこそＴｏＤｏリストは欠かせないと思っています。まして**共働きなのにワンオペ育児を強いられているような厳しい環境に置かれたママこそ、限られた時間を有益に使うためにもＴｏＤｏリストが必須**なのです。

私の初めてのＴｏＤｏリストは母子手帳。「ＴｏＤｏリストを作るぞ！」と意気込んだわけではなく、手帳の余白がもったいなかったので「朝散歩、20分」とか「季節の花を生ける」といったその日にやるべきこと、やりたいことを備忘録的にメモしていました。

そのうち母子手帳の余白では書き切れなくなったので、育児ノートを買ってきてその日にやるべきことを書き出すようになり、見にくいと感じたのでリストアップして優先順位をつけるようになって気づいたらＴｏ Ｄｏリスト化していました。

Ｔｏ Ｄｏリストに掲げた項目を実行するたびに、線を引いて消します。散歩に行ったら「朝散歩、20分」という項目が消せて気分がすっきりします。

私がＴｏ Ｄｏリストを作っていると、幼い娘が「ママ、何しているの？」と気づいて興味を持ちました。そこでＴｏ Ｄｏリストをテーマにした絵本を一緒に読むようになり、娘も小学4年生くらいからＴｏ Ｄｏリストを書くようになりました。

娘は初めにアイデアノートにやりたいことを書き出して、それを優先順位をつけてリスト化。1日の終わりにリストの進捗《しんちょく》状況を確認し、あわせてその日の出来事を日記に書いていたようです。日記にはその日に着た服まで記録していたそうです。

お手本を見せずに「時間を管理しなさい」と一方的に指示するのはNGですから、親御さんが上手に時間管理している姿を見せてあげましょう。

「親だから子どもに何を言ってもいい」はありえない

——無礼、キツい発言を3割減らして「言葉の断捨離」を

外注に頼らない家庭教育は効率的で効果的な反面、家庭という密室で行われるので、親御さんの独善的な発言が子どもを傷つけて、その成長を妨げる恐れがあります。子どもは、大好きなママやパパの些細《ささい》なひと言によって励まされたり、逆に落ち込んでやる気をなくしたりします。

そこでマスターしたいのは、**言葉の断捨離**です。本来の断捨離は不要なモノを排除し、モノに対する執着心から離れるのが狙い。それに対して言葉の断捨離は、自らの発言を客観視し、言いたいことの本質をよりクリアにするために行います。

家族という安心感と甘えから、子どもが空気のような存在になり、緊張感がなくなると、頭に浮かんだ言葉を、吟味も咀嚼《そしゃく》もせず、口から出るに任せて語ってしまいがち。

ですが、家族でも、発言には責任が伴います。**親だからといって子どもに何でも言っていいわけではない**のです。ここでも恋愛中のカップルの姿を頭に思い浮かべてください。

言葉の断捨離の基本ルールは、ふと浮かんだ言葉をとりあえず頭のなかで30％カットしてから口に出すこと。こうすると枝葉末節が取れて子どもに真意が伝わります。そして自らを客観視できて身勝手な独善性が弱まり、「自分がこう言われたらやる気がなくなるから、いまはストレートに言うのをやめよう」とか「もっと別の伝え方がないか、考えてから話そう」と素直に思えるはずです。

言葉の断捨離は次のような事前練習ステップで行うと効果的です。

①子どもに向かってよく言っている言葉を思い出す。

②その言葉から、無駄、無礼、キツい、否定的と思えるものを選んで30％カットする。
③残った70％を、伝わりやすいようにシンプルに再構成する。
④自分がそう言われる立場になってみて、③を再度チェックする。

以上の結果、子どものやる気が出る、モチベーションが上がる、失敗を恐れずに一歩前に踏み出す勇気が感じられるといったポジティブな成果が得られると思えたら、この断捨離は成功。

逆に、子どもが傷つく、ムカつく、モチベーションが下がるといったネガティブな反応を誘発しそうなら、断捨離は不成功。もう一度②に戻ってもう10％カット。合格するまで③⇒④を繰り返します。事前練習が終わったら、本番に臨みます。

私は日頃のレッスンで子どもたち相手に断捨離言葉で話しています。おかげで、互いのやりとりがとてもスムーズです。

子どもに理想的なライトハウス・マザーとは？

――無条件の愛という灯りで、進路を照らそう

アメリカでは、**教育ママ（教育パパ）にはライトハウス・マザー、タイガー・マザー、ヘリコプター・マザー**という3タイプがあるといわれています。

ライトハウス・マザーは、ライトハウス（灯台）のように自らのポジションががっちりと固定されているのが特徴です。

子どもにいちいち「～～したの？」と過干渉せずに黙って足元を安全に照らし、灯台が船舶の安全な航行を助けているように子どもたちを進むべき道へと導きます。アメリカではこのライトハウス・マザーが理想だとされています。

○あまりにスパルタ式！　タイガー・マザー

タイガー・マザーは、２０１１年にアメリカで出版された『タイガー・マザー』が語源になっています。

著者は、ハーバード大学を首席で卒業後、弁護士となり、イエール大学教授となった超エリートの中国系アメリカ人、エイミー・チュアさん。この年のベストセラーとなり、タイガー・マザーはそのまま流行語になりました。

チュアさんは、中国の伝統的な超スパルタ教育で長女ソフィアさんをハーバード大学とイエール大学に合格させた後、次女ルイーサさんの反抗によって打ちのめされてしまい、自らの教育法を自省的に振り返った回想録としてこの本を書いたのです。

チュアさんのタイガー・マザー式の育児法には数々の禁止事項があります。

友人宅へのお泊まり、友人を自宅に呼んで遊ぶこと、テレビ鑑賞やコンピュータゲーム、A未満の成績を取ってしまうこと、体育と演劇以外の全教科で1番にならないこと、自分で課外活動を選んでしまうこと、ピアノとバイオリン以外の楽器を弾くこと、ピアノとバイオリンを弾かないこと……。

これらはすべてが禁止事項で、チュアさん自身が中国人の父親から受け継いだものだとされています。

タイガー・マザーはあまりにスパルタ式です。

たとえば、次女ルイーサさんが7歳のとき、ピアノのある難曲がなかなか弾きこなせないのに業を煮やして、夫の忠告も無視して〝もしもできなかったら、誕生日パーティーは向こう2年、3年、いや4年はナシね〟などと脅し、ついにはルイーサさんに難曲を習得させています。

その後、ルイーサさんは徹底的にタイガー・マザーに反抗し、楽器をやめてスポーツに熱中します。

そうは言っても、チュア家族はみんな大の仲良し。2016年に、ソフィアさんは「両親が私に大きな期待を抱いていたのは確かだけれど、それは私がすごいことをやってのける娘だと固く信じていてくれたから。私の子ども時代はハッピーでした」と語っています。

ルイーサさんは「バイオリンを1日6時間練習させられたりして反抗したけど、子ども時代はハッピーだったわ」と厳しいながらも愛情に包まれた子ども時代を振り返っています。

この本はアメリカで賛否両論を巻き起こしました。

タイガー・マザー的な**スパルタ教育が行きすぎると過干渉、過介入になり、結局子どもが自分では何も物事が考えられなくなり、親と子が離れられない状況に陥ります。**

一方で子どもに無関心で放ったらかしにした挙げ句、テレビやゲームに不毛な時間を費やすことになり、本人が隠し持っているかもしれない才能の芽を摘み取ってしまうのに比べれば、ひどい教育とは言えないと擁護する声も聞かれました。

○まるで張り込み中の刑事!?　ヘリコプター・マザー

最後のヘリコプター・マザーは、ライトハウス・マザーのように一定のところにどっしり構えて留まっているのではなく、子どもの行き先に逐一付いて回る過干渉タイプ。今風に表現するならドローン・マザーです。子どもがかわいいあまり、わが子の頭上を旋回して過干渉になり、危険物や失敗の芽を早めに摘もうとします。

心配性の親はドローン・マザーとなり、**子どもが大学に受かると下宿先の近くのアパートに引っ越して監視**したりします。

まるで張り込み中の刑事のように「うちの子はちゃんと勉強しているのかしら」と

か「麻薬とか危ないものに手を出していないかしら」と気に病んでしまいます。日本だと地方から東京大学に進学しようが、北海道大学へ進もうが、あるいは都市部から地方の国公立の医学部に行こうが、生活環境にはアメリカほど大きな差はありません。

日本では、大学入試の〝傾向と対策〟的な本は売れるかもしれませんが、大学に受かった後に〝どうやって大学生活を始めるか〟というテーマの本が売れたという話は聞きません。

ところがアメリカは国土が広く、州によって生活環境も全然違いますし、住民の人種の構成も変わります。しかも日本と異なり、大学のブランドではなく、大学で何を学んだか、それを使って何を社会に提供できるか、で個人が評価されるので、大学生に『How to be a Successful College Student』といった類《たぐ》いの本が売れるのです。

タイガー・マザーはかなりの覚悟がないとできませんし、反抗される恐れがあります。ドローン・マザーは子どもの失敗を恐れてリスクを怖がると、挑戦しない子どもが育ち、将来を狭める恐れがあります。

この3タイプのなかで選ぶとしたら、やはりライトハウス・マザー。「あなたをいつも見守っていますよ」という態度で、子どもたちが進む道を無条件の愛情という灯《あか》りで照らし続けてください。

学習編

「勉強以外の勉強」を学ばせる

「5教科」至上主義で育ててはいけない

――次期学習指導要領では学力以外が問われてくる

日本の教育は極端な学力偏重であり、日本人学生のほぼ全員が5教科の学力を伸ばすことだけに血道を上げています。外注先の学校や学習塾はもちろん、家庭でも宿題や復習という形で5教科を学び、週末は模試、夏休みなどの長い休みは夏期講習などの名前でひたすら詰め込み教育を実践してきたのです。

ところが、実社会に出たとたん、人は5教科以外のあらゆる方面から判断されます。決断力、リーダーシップ、ボランティア精神、創造力、コミュニケーション能力、社会貢献度、社会適応能力、異文化理解力、オタク力、かわいげ、チームワーク力などさまざまです。

世界的に見ると、学力偏重の詰め込み教育はとっくの昔に時代遅れになっており、日本でも次期学習指導要領では学力以外の学びに向かう力、人間性、未知の状況にも対応できる思考力・判断力・表現力などを育てることを志向しています。

ハーバード大学出願に必要なこと

①コモン・カレッジ・アプリケーション（願書）
②ハーバード・サプリメント（ハーバード用増補）
③スクール・リポート（内申書／成績証明書）
④インターナショナル・サプリメント（留学生用調査書）
⑤ティーチャー・リポート２通（教師２名からの推薦状）
⑥インタビュー（面接）
⑦SAT（大学進学適性試験）またはACT（全米共通大学進学適性試験）の成績
⑧エッセイ（小論文）
⑨課外活動の成果（よほどの成果でないと受け付けない）
⑩受験料75ドルまたは免除願い

拙著『世界に通用する一流の育て方』より

大学入試で大学側が学力以外の部分をどのように評価するかはまだ定まっていません。そこで参考になるのがアメリカの大学入試。**日本の次期学習指導要領もネタ元はアメリカの教育や大学入試**であり、最終的にはそこに行き着くはずだからです。

アメリカでも大学によって出願にあたって用意するべきものは異なりますが、ここではトップスクールの一つ、ハーバード大学を例に取りましょう。

上のリストを見ると、学力をチ

エックするのは⑦SAT（大学進学適性試験）またはACT（全米共通大学進学適性試験）の成績と、③スクール・リポート（内申書／成績証明書）だけ。⑤ティーチャー・リポート2通（教師2名からの推薦状）で生徒個人のオリジナリティや学びに向かう力を問い、⑥インタビュー（面接）や⑧エッセイ（小論文）で学生たちの人間性や思考力・判断力・表現力を見極めようとしています。

大学入試というより企業の採用試験に近い印象で、教育改革の旗振り役の一人である藤原和博《ふじはらかずひろ》さん（奈良市立一条高校校長）も、雑誌のインタビューで「これからの日本の大学入試は要するに企業の採用試験に近づくだろう」とおっしゃっています。⑨課外活動の成果も重要。これは学力を超えた創造性、個性を活かした特技、人間性、豊富な社会体験などの有無を問うものです。具体的にはリサーチ、発明、芸術、スポーツ、ボランティア活動、リーダーシップ、インターンシップ&ワーク・エクスペリエンス（企業などでの職業体験）などが含まれています。リサーチ、音楽、スポーツなどでは何らかのアワード（賞）を獲《と》っていることが目安となります。この全部をやらなくてもOK。自分にできる範囲でやってみましょう。

アメリカでは、高校を卒業して大学に進学する前に、あるいは大学から大学院へ進む前に、ギャップ・イヤー（gap year）という1年間の休みを取る学生が大勢います。その間に発展途上国で恵まれない子どもに英語を教えるボランティア活動をしたり、興味のある複数の企業でインターンとして働いてみたりします。ギャップ・イヤーの活動は、自分たちがそれまで続けてきた課外活動の成果を形にするために行われるケースが多いのです。

家庭教育で伸ばすべきなのは、⑨課外活動の成果。芸術やスポーツといった分野で子どもの得意を伸ばすサポートをし、ボランティア活動、リーダーシップ、インターンシップ&ワーク・エクスペリエンスなどのフィールドでも、子どもたちが人生経験、社会体験を積めるように手伝ってあげてください。課外活動は⑥インタビュー（面接）、⑧エッセイ（小論文）の内容にも間接的に関わってきます。

これらの課外活動は「試験項目にあるからやる」とか「面接や小論文に役立つからやる」といった消極的なものではありません。子どもの一生を豊かに彩る大切な要素です。子どもの人生を充実したものにするためにも、学校を出たらほぼ役に立たなくなる5教科ではなく、課外活動に家庭を挙げて積極的に取り組んでください。

高校生までにやるべき13項目をチェック
――小学1年生、中学1年生の節目に見直してみる

学力以外の要素を〝学ぶ〟ために、アメリカの大学入試を念頭に置いて高校生までにやっておくべきことをＴｏ Ｄｏリスト化してみました。新しく何かを始める小学1年生、中学1年生の新入学時の参考になると思います。

高校生までにやっておくべきＴｏ Ｄｏリスト

Valerie Pierce with Cheryl Rilly『Countdown to College: 21 'To Do' Lists for High School』(Front Porch Press) より

☑ 小学校6年間、もしくは中学校3年間の学業の目標、個人的な目標を立ててみます。それを最低年1回は見直して修正しましょう。

☑ 先生やスクールカウンセラーと話し合い、自分の得意が作れるような課外活動やスペシャルプログラムにはどのようなものがあるか相談。気に入ったら参加してください。

☑ あなたが先生を知っているように、あなたも先生に自分がどのような人間であるかをよく知ってもらってください。それはこの先の内申書の内容にも関わりますし、奨学金の推薦状を得るためにも必要です。アウトプットに消極的で自分が何者であるかを自らアピールしなければ、誰もあなたに注意を払ってくれないのです。

☑ スポーツに没頭し、チームのメンバーになり、仲間を作りましょう。

☑ 没頭できる趣味を作り、チームのメンバーになり、仲間を作りましょう。

☑ 音楽会、演劇部、絵画サークル、朗読会など芸術に触れる機会を作りましょう。

☑ 募金活動などに参加し、自らイベントを企画してリーダーシップを発揮してください。

☑ 機会を捉えて国内、海外のあちこちに旅行に出かけましょう。そのための資金を出してくれるアワードや奨学金がないかチェックして応募しましょう。

☑ 将来進みたい大学のウェブサイトをチェック。学生にどのような資質を求めているか調べましょう。メンバーになってメーリングリストに登録し、最新情報をゲット。

☑ 新聞や、インターネットに目を光らせて情報を集めましょう。

☑ 自分が参加できるサマーキャンプ（夏休みなど長い休みのときに自宅を離れて課外活動を行うもの）、学業や芸術やスポーツなどのコンテストや大会、仕事（アルバイト）、ボランティア活動の機会がないか調べて積極的に参加してください。私が主宰している、サマー・イン・ジャパンもおすすめです。

☑ 大事な書類をすべて入れる〝収納ケース〟を用意しましょう。

☑ 〝ポートフォリオ〟を作る準備をしましょう。

子どもの才能や頑張りを形に残しておく
――人生を成功に導く〝グリット〟を身につける

　こうしてリストアップしてみると、改めてやるべきことが多いとわかります。なかでも最後の2項目は重要なので詳しく解説します。〝収納ケース〟と〝ポートフォリオ〟です。

収納ケース（素材は何でもよく、容量が十分確保できればOK。アメリカでは牛乳などを運ぶミルク・クレートというケースをよく使います）**に入れるのは、ゲットした各種のアワード（賞）を記念した表彰状やメダル、地方紙や雑誌などに載った記事**など。

　整理は後回しにしておいて、子どもがいったい何者なのかを示す書類やグッズを一つ残らず放り込んでおきます。

　この箱を作っておかないと、苦労してアワードでゲットした表彰状やメダルをなくしてしまい、子どもの才能や頑張りを目に見える形で残せない恐れがあります。

ここにはテストの答案用紙や模試の成績といったいわゆる5教科のペーパーは入れません。

なぜなら、この収納ケースは5教科以外の**子どもの人となりや得意を示す証拠を収める**ものだから。ケースが空っぽに近いとしたら、今後の大学入試で評価対象となる5教科以外の課外活動が疎《おろそ》かになっている証拠です。

アメリカでは伝統的にアワードが重視されてきました。子どもの努力と情熱を客観的に評価する目安となるからです。

5教科以外の課外活動を何もしなければ、アワードは獲れません。スポーツや音楽などの芸術に打ち込み、できるだけ多くのアワードをゲットしてみてください。

アワードが注目される大きな理由は、**人生を成功へ導く才能やIQ（知能指数）以外の第3のポイントである〝グリット〟**の有無が明確になるから。

グリットとは心理学者のアンジェラ・リー・ダックワースさんの研究をきっかけに注目された能力で、努力、情熱、忍耐を持ち続けて**何事かをやり抜く力**を意味します。

多くの物事は「できたから、やった」のではなく「やったから、できた」もの。スポーツでも芸術でも、アワードを得るためには、個性が活かせる分野を見つけたら多少の困難に負けず、途中で挫折しないで真剣に突き詰める能力が欠かせません。

多くのアワードを得ている子どもはこのグリットが高いと評価されるので、大学に入学した後も成長が期待できます。

むろんアワードを獲るためだけにスポーツや芸術を始めるのではありません。学力以外に他人よりも抜きん出た自分の得意を作ると自己肯定感が高まって自信になりますし、失敗を恐れずにリスクを取ることもできます。そして何より人間性の幅が広がり、子どもたちがより充実した人生を楽しめるようになるのです。

○入試だけでなく就活にも役立つポートフォリオを作る

次はポートフォリオです。

ポートフォリオは日本では、①アーティストの作品集（自分の実績アピール用）、②投資家の資産リスク管理の用語、③生徒個人個人の学習過程と成果を一元化し、到達度をチェックする学校教育ツール、の3つがあります。③のポートフォリオを学校以外の学びの場に広げたものが、ここでいうポートフォリオです。

ポートフォリオには、収納ケースに詰め込んだペーパーなどを整理整頓し、自らの得意のレベルを示す**各種アワード、課外活動でのボランティアやリーダーシップを発揮した実績、アルバイトやインターンシップなどの職業体験、外国語やコンピュータ・スキルといった特殊技能**（スペシャル・スキル）などをまとめます。

欧米諸国では、ポートフォリオは大学入試だけではなく、卒業後の就職活動や転職活動にも大いに活用されています。

欧米ではいわゆる履歴書（レジュメ）に添え状（カバーレター）を添付するのが一般的です。

添え状というと単にあいさつを書いただけの添え物のように思われるかもしれませんが、添え物どころかカバーレターと呼ばれるようにレジュメの表紙に相当する重要なものです。

採用担当者はまずカバーレターを読み、そこで興味を持った人だけレジュメを確認し、面接を行います。

つまり、カバーレターの段階で企業の興味を惹く人材でなければ、入社も転職も思い通りには進まないのです。

就職や転職時にはカバーレターにその職種に応募する理由を書きますが、その根拠となるのがポートフォリオ。「こんな得意があり、スキルが高いから当該の職種にベストマッチだし、まさにあなたたちが欲しがっている人材そのものですよ！」と熱烈アピールするのです。

「御社の編集者採用に応募した理由は、私はとにかく本が好きだからです！」と情熱だけをいくらアピールしても、自分にどのような能力、セールスポイントがあるかを示さないと、採用側は「それがどうしたの？」と首を傾《かし》げるだけです。

日本国内でも外資系企業に入社、転職するときはレジュメとカバーレターは必須になっています。今後は国内企業でもその傾向は強まるでしょうから、子どものうちからポートフォリオを充実させておきましょう。

なぜリーダーシップとボランティアが必要なのか？

――わが子を「その他大勢」に埋没させないためのスキルを磨かせる

90ページのＴｏ Ｄｏリストのなかで日本人にピンと来ないのが、リーダーシップとボランティア活動でしょう。

「うちの子どもは将来大統領になったり、ＣＥＯになったりしようと思っているわけではないのに、なぜリーダーシップがいるの？」とか「ボランティア活動は大人になってからやればいいのでは？」という疑問を持つ親御さんもいると思います。そこでリーダーシップとボランティアの必要性について語っておきたいと思います。

リーダーシップが評価されるといっても、大学側は必ず組織のトップになれと言っているわけではありません（もちろんトップになれば高い評価が得られます）。**自分がリーダーになれるような得意分野を持て**と言っているのです。

日本では明治以来、５教科を先生が子どもたちに対して一方的に詰め込むロート・

ラーニング（rote learning）が続けられてきた結果、誰かの指示がないと動けない〝指示待ち族〟ばかりが増えたといわれます。

高度経済成長期のように、国を挙げて欧米諸国に追いつけ、追い越せだった時代なら、指示通り正確にこなす真面目な人材は評価されたかもしれません。

しかし、キャッチアップの時期はとっくの昔に終わってしまい、世界にないものを自分たちの力で作り出すイノベーションが求められるようになりました。指示待ち族が何人いてもイノベーションは起こせません。

加えて**日本でもアメリカのように転職が普通になると、リーダーシップを取れる秀でた分野がないとキャリアアップも望めなくなります。**

その他大勢のフォロワーではなく、スキルを磨いてリーダーシップを取ってください。

念のためにサマー・イン・ジャパンにボランティア講師として参加してくれたマックスウェル・フィリップスとサム・リッチマンという二人のハーバード生にリーダーシップの重要性について尋ねたところ、次のような答えが返ってきました。

「多くのアメリカ人は、すべての市民がリーダーシップを発揮できるし、発揮するべきだと考えています。これはアメリカの民主主義の根幹をなす考えであり、国土が広くて多様な人種からなるアメリカを導くために必要な資質です。そしてリーダーシップを通じて市民一人ひとりが社会に良い影響を与えることができます」（マックスウェル）

「アメリカは（貴族などではない）普通の人びとが国のリーダーになるべきだというアイデアを基に建国されています。アメリカという国のリーダーに求められるのは、ネルソン・マンデラやマーチン・ルーサー・キング・ジュニアのように、世界を良い方向へリードする明晰《めいせき》で強いリーダーシップです。世界を平和へと導き、多くの人びとの安全と平等を実現するリーダーを育てたいからこそ、ハーバードのような大学はリーダーシップに重点を置いているのではないでしょうか」（サム）

次にボランティア活動について。**ボランティアは子どもたちの自発性、社会性を評**

価する指針であり、学校でも塾でも家庭でも得られないかけがえのない触れ合いを通して人間性を磨き、自分自身とは何かを深く学ぶチャンスを提供してくれます。

アメリカはボランティアが盛んな社会。ビル・ゲイツやマーク・ザッカーバーグといった大富豪は巨額の資金で慈善団体を設け、自分が受けた恩恵を社会に還元しています。古い言葉でいうと「ノブレス・オブリージュ（noblesse oblige）」です。

大富豪だけではありません。普通の市民でも日常的にボランティアをしています。

娘のすみれは高校1年生のときにアメリカ4州で演奏旅行を行いました。このときの宿泊や送迎、会場準備などをサポートしてくれたのも、地域の子どもたちがクラシック音楽に触れる機会を作りたいと志願したボランティアたちでした。

前述の二人のハーバード生はボランティアについて次のようなコメントを寄せてくれました。

「ボランティア活動は、子どもたちに社会の一員としての権利と義務について考える良い機会を与えてくれます。大学入試でボランティア活動が評価されるのは、社

会に貢献できる人材を採りたいと考えているからでしょう」（マックスウェル）

「いろいろな要因が考えられますが、学業の評価につながらないボランティア活動が奨励されるのは、大学側が学業だけでは評価できない背景、体験、興味を持つ多様な人材を集めたいからだと思います」（サム）

ボランティア活動を親が率先してやっている姿を見せていれば、子どもは自然に興味を持つようになります。

ボランティア活動に連れて行ったり、子どもでも参加できる活動を自分たちで探したりしてみてください。

私の生徒にも、大分市で行われる国際車椅子マラソンで英語通訳のボランティアをやりたいと手を挙げ、大会に採用されてボランティアでサポートをしている子どもがいます。

インターンシップで働く体験をさせる
――大学を卒業してから〝社会人〟ではあまりにも遅すぎる

日本ではアルバイトは単にお金を稼ぐ手段ですが、アメリカでは子どもの頃からアルバイトやインターンシップをすることはキャリア教育の一環。学びの体験を活かす場として子どもの頃から働くことを大事にしています。

日本の大学生は何年生になっても能天気に「センター試験で何点取った」といった5教科の話をしていますが、**欧米諸国の大学生は1年生から将来を見据えて企業のインターンシップ募集に応じて熱心にキャリアを積み、スキルアップを図っています。**ハーバード生も高校生のうちから多くの企業でインターンを体験しています。

日本以外のアジアの学生たちも、インターンシップには積極的に励んでいます。私の地元大分にある立命館アジア太平洋大学（ＡＰＵ）は、日本人と留学生がちょうど半々というインターナショナルな大学。中国、ベトナム、韓国、モンゴル、カンボジアなどからの留学生と話をする機会もあります。

彼らは勉強にも熱心ですが、働くことにも貪欲で熱心。母国語以外に日本語も英語もできてITスキルも高いですから、日本語しか話せずITスキルも低い日本人学生よりも遥かに高いサバイバル能力を身につけています。

日本では大学を卒業してから新調したスーツを身につけ、〝社会人〟になって働くというイメージがまだまだ強いと思います。

でも、それは世界の現実を知らない日本的、ガラパゴス的なキャリア観。大学生はすでに立派な〝社会人〟です。

日本以外の国では、学生のうちから社会に積極的にコミットして社会人として働く経験を積み重ねています。

大学卒業時点でも5教科しかできない日本人と、学生のうちから社会に出て働いてスキルを高めている外国人では、スタート地点ですでに差が開いてしまっているのです。**企業が欲しい人材はどちらか考えてみてください。**

「子どもがインターンシップで行ける企業がない」と嘆《なげ》かず、目を大きく見開いて探してみましょう。

中高生向けのキャリア教育を支援する団体もありますし、個人的なつながりをフル活用して探す手もあります。実際サマー・イン・ジャパンに参加した小学6年生の子は将来医師になりたいので、夏休みに病院で自分にできうる限りのインターンをやっていました。「どこにあるか教えて」と受け身にならず、自ら動いて扉を開きましょう。

アクティブ・ラーニングでグローバル人材に育てる
——相手の心を動かし、行動を変える積極性を養う

前述のように、学力偏重の詰め込み教育は机の前にじっと座って教科書を開き、先生から教えられる5教科の学力を伸ばす受け身のロート・ラーニングでした。

でも、全世界でいまでも詰め込み教育に命をかけているのは日本、中国、韓国、シンガポールというアジアの4か国くらいなもの。

私が話を聞いたハーバード大学入試担当のアドミッション・オフィスの担当者も、その4か国から視察に来る先生たちから「ハーバードには、入試で何点取れたら入れますか?」という質問ばかりされると嘆いていました。

ハーバード大学を始めとする世界の有力大学では、いわゆる5教科以外の創造性や人間性が尊重されています（とはいえ、ハーバード生は日本の大学入試センター試験にあたるSATやACTでテストする5教科はほぼ満点の学生が大半です）。

ロート・ラーニングではグローバル化には対応できないと自覚した日本でも、次期学習指導要領ではアクティブ・ラーニングをいま以上に重く捉えるようになります。

中央教育審議会の素案によると、アクティブ・ラーニングとは「学校における質の高い学びを実現し、子供たちが学習内容を深く理解し、資質・能力を身に付け、生涯にわたってアクティブに学び続けるようにするためのもの」とされています。従来のように学び手が完全に受け身になり、先生の言う通りに学習を進めるのではなく、「主体的・対話的で深い学び」を実現するのが、アクティブ・ラーニングです。

主体的な学びとは、学ぶ意味と自分の人生や社会のあり方を主体的に結びつけるもの。対話的な学びとは、さまざまな人びととの対話や書物などを通して知る先人の教えによって考えを広げる学び。深い学びとは、各学科で習得した知識や考え方を働かせて、問題を発見・解決したり、自らの考えを形作ったり、イノベーションを起こしたりする学びです。

そのベクトルは間違っていないと思いますが、学校サイドや教師サイドがどう教えるかという部分がまだ確立されていないのが現状。2000年代初めから行われたゆとり教育と同じように、何をすべきなのかがわからないまま迷走する恐れがあります。少なくとも転換期にあたる2020年代初頭までは混乱は続くでしょう。

○模範解答を鵜呑みにしては、主体的な学びにはならない

そもそもアクティブ・ラーニングを教えるべき学校側が受け身なままであり、アクティブではないという問題があります。

たとえアクティブ・ラーニングの先進国であるアメリカに視察に出かけたとしても、

英語で深い対話をしたり、議論したりする習慣がない日本人だと、相手の言うことを鵜呑みにするのが関の山。それを模範解答のように崇《あが》め奉《たてまつ》り、何も考えないで「アメリカでもっとも進んでいるアクティブ・ラーニングはこれだ！」と子どもたちに押しつけてしまったら、ちっとも主体的でも対話的でも深い学びでもありません。

サマー・イン・ジャパンで私たちがやっているのは、まさにアクティブ・ラーニングそのもの。ボランティアの**ハーバード生が講師役となり、子どもたちと活発に議論しながら、英語でコンピュータ・サイエンス**（Computer Science：ＣＳ）**を学んだり、プレゼンテーションのやり方を学んだり、ビジュアルアートを学んだりしている**のです。

その際、地元の学校と1日コラボをしたことがあります。先生たちは「ハーバード生とアクティブ・ラーニングだ！」と盛り上がり、張り切って準備してくれたのですが、残念ながら歯車がうまく噛《か》み合わない場面もありました。

先生たちは生徒がハーバード生に地元の街を案内するという授業を行いました。

案内する英語のレジュメは先生が用意したもの。それを渡せば理解してくれる、意思疎通が図れると思っていたようですが、プリントを配られたハーバード生はほとんど目を通しません。プリントを渡す際に説明がなかったのです。

先生たちは「せっかく苦労して作ったのに失礼な」と憤慨したかもしれませんが、このレジュメがどれだけ大切で、どんなインパクトを誰にどう与えるのか、レジュメの意図も伝えないでプリントだけ配っても読んでくれるわけがありません。読みたくなるような魅力満載の工夫をするのが意思疎通の前提。

プリントを渡せば理解してくれるだろうというのは、それこそ先生の言うことを生徒が黙って受け身で聞くのが大前提というロート・ラーニング的な発想に他なりません。これではアクティブ・ラーニングの狙いが果たせないのは明白です。

学習塾産業も、次期学習指導要領の実施をビジネスチャンスと捉えてアクティブ・ラーニング向けの講座を強化しています。おそらく英語で議論をしたり、交渉をしたりするアクティブ・ラーニング講座が数多く開かれるでしょう。

アクティブ・ラーニングの実態がよくわからない親御さんは「わからないから、とりあえず塾に入れておこう」という発想になるかもしれません。

しかし学校が外国語指導助手（Assistant Language Teacher：ＡＬＴ）を活用したり、学習塾が外国人講師を採用してアクティブ・ラーニングを始めようとしたりしても、相手の心を動かし、行動を変えるような積極性と工夫を生徒に身につけてもらうのは至難の業。

教育を外注することに慣れている親御さんたちは、学校や塾がぬかりなくアクティブ・ラーニングを教えてくれると思っているかもしれませんが、アメリカなどのディスカッションのやり方を形だけ真似するのが精一杯になる可能性があります。

アクティブ・ラーニングこそ家庭でやるべきなのです。

まずはなぜアクティブ・ラーニングが必要になるかを子どもに説明します。

「そんな難しいことは子どもにはわからない」と侮《あなど》ってはいけません。彼らは大人よりも吸収力も学習能力も数段上ですから、きちんと話せばわかってくれます。その必要性を家族みんながシェアするのが大前提です。

○少子高齢化の時代こそ、議論や対話力が問われる

これまでの日本は〝あ・うんの呼吸〟が通じるハイ・コンテクスト社会でした。コンテクストとは言語、知識、価値観であり、その共通性が高いのがハイ・コンテクスト社会の特徴です。

それに対して、アメリカを始めとする欧米諸国は民族も宗教も言語も異なる人たちが暮らすロー・コンテクスト社会。共有される言語、知識、価値観が違うから、議論や対話やコミュニケーションの力を磨くアクティブ・ラーニングが重視されているのです。説明しないとわからない、が前提なのです。

日本もグローバル化して、少子高齢化と人口減少がもっと進んで多くの外国人を受け入れるようになると、ロー・コンテクスト社会へと確実にシフトします。2016年には、日本で働く外国人労働者は100万人を超え、今後さらに増える見込みです。

学習指導要領が変わるから、あるいは大学入試に必要だからアクティブ・ラーニングをするのではなく、これからの社会で必要な能力だからこそアクティブ・ラーニングをするのです。

そこを子どもに話してあげてください。きっと理解してくれます。

アクティブ・ラーニングの基本は子どもたちとの活発な対話とディスカッション。シリア難民問題、TPP（環太平洋パートナーシップ）協定交渉、地球環境問題など、日々のニュースに子どもたちと話すべきネタはいくらでも転がっています。

グローバル化に備えてアクティブ・ラーニングは英語で行うのが理想ですが、最初は日本語から始めましょう。そのやり方については英語編（167ページ）で改めて取り上げます。

学校や塾に外注せず、わが子の地頭を鍛えるには？
――家庭で「メタ認知力」と「メタ言語力」を伸ばす

最近〝地頭〟という言葉をよく見聞きします。家庭学習でもこの〝地頭〟を鍛えて磨いておけば、学校や学習塾といった外注先に頼らないで、子どもたち自らロケットのような軌道を描いてぐんぐん伸びていきます。

地頭の４つの例を挙げ、それによってどのようなことができるかを私なりに整理します。

①自分を客観視できる⇓どこがなぜできないかを分析して自ら解決する。

②全体を俯瞰《ふかん》的に把握して考えられる⇓リーダーになれる。

③常識にとらわれず、つねになぜと疑ってみる⇓イノベーションを起こせる。

④自らの意見を上手に説明し、反対意見も平常心で聞ける⇓味方をたくさん作る。

問題のありかを的確に探し出して解決し、多くの味方とともに自ら率先してイノベーションを起こす……。そのような能力は子どもたちの人生のあらゆるシーンで役立つことでしょう。

こうした〝地頭〟の中身を分析すると次の２つにすっきりまとめられます。

A：メタ認知力⇒自らを客観的に分析する。

B：メタ言語力⇒ある概念をより上位のレベルから抽象化して説明する。

ここで使われている〝メタ〟とは、より高次の領域といった意味です。

このうちAのメタ認知力を活用すると、自らが置かれている状況を冷静に踏まえたうえで行動が起こせるようになります。

「世界には200近い国があり、それぞれ教育のやり方が違う。日本は少子高齢化で大学の定員数が入学希望者よりも多い。日本はそうした現状に危機感を持ち、国を挙げて教育改革に取り組んでいる真っ最中だ」と認識したら、たとえ中学生でも学校と学習塾と自宅の往復で終わる教育こそ終わっているとはっきりわかり、課外活動にも前向きになるでしょう。

次にBのメタ言語力を使うと、猫⇒動物⇒生き物といった具合に、より上位の概念で俯瞰したり、仕組みの一部を変えるようにパラフレーズ（言い換え）ができるようになったりします。

こうしたメタ言語力的な〝地頭〟は、今後より一層脚光を浴びる**数学やコンピュータプログラムには必須の能力**だといわれています。

お金をかけずに子どもの得意を伸ばす方法
――あらゆる体験をさせて、才能や頭脳を引き出す

家庭でアクティブ・ラーニングを行うにも、あるいは子どもの得意を伸ばすためにも、子どものうちからいろいろな体験をさせてあげることが肝心です。

ユダヤ人には昔から**「親が子どもにしてあげられるのは教育だけである」**という考え方が根付いており、子どもに何かを「与える」のではなく、あらゆる体験をさせて子どものなかに眠っている才能や頭脳を「引き出す」ことを重要視します。

このユダヤ人式教育は、音楽などの芸術から物理学を始めとする学問の世界まで、多くのユダヤ人たちが世界的な業績を残している秘密の一つだといわれています。

こうしたユダヤ人式教育のように、**ピアノやバイオリンなどの楽器、体操、バレエ、英語やフランス語などの語学、料理と栄養学、日本の伝統と季節の風物詩など、学校教育ではあまり触れられない分野に慣れ親しむチャンスを作ってあげるのが親の使命**であり、家庭教育の大事なミッションだと私は思っています。

「両親ともに楽器が苦手だから、うちの子に音楽の才能があるわけがない」などと初めから諦めないで、何でもやらせてみてください。しばらくやっているうちに向き不向き、子どもの好き嫌いがだいたいわかってきます。

向いていて好きなものを選んで伸ばしてあげたら、その後の長い人生をカラフルに彩るかけがえのない宝ものが手に入ります。

一般的に世帯年収が高くなるほど、子どもの教育水準も高くなり、学力も上がるといわれています。対照的に、世帯年収が低いなどの経済的な理由により、十分な教育が受けられない子どもたちの増加が〝教育格差〟として問題化しています。

厚生労働省の『平成28年国民生活基礎調査』によると、日本の17歳以下の子どもの7人に1人（13・9％）は貧困状態（等価可処分所得が中央値の半分〈122万円〉

未満）の家庭で育っているとされています。

こうした格差の是正は必要ですし、貧困状態の家庭で育つ子どもへの教育支援も欠かせません。しかし、お金をかけないと、最低限の家庭教育ができないわけではありません。

世帯年収が不十分で経済資本が乏しくても、文化資本が高ければ家庭教育で子どもの潜在能力はいくらでも伸ばしてあげられるのです。

○親の趣味や教養は、アクティブ・ラーニングの屋台骨

私がいう文化資本とは、家庭学習のベースとなる趣味や教養、国内外の文化の素養やマナーなどを意味します。

文化資本こそは5教科の基礎的な学力を超えたハイレベルの感性や自主性を養って得意を伸ばす原動力であり、アクティブ・ラーニングの屋台骨です。

17～18世紀のイギリスでは、文化資本を高めるためにヨーロッパ大陸に遊学する「グランドツアー」が盛んに行われていました。

その当時は経済資本に恵まれた上流階級の子息しか許されない贅沢な教育でしたが、現代ではたとえ経済資本に恵まれていなくても、グランドツアーのように文化資本を高めることができます。

それを可能にしたのは、インターネットに代表されるIT技術であり、世界のグローバル化。21世紀版のグランドツアーは、格安航空会社（LCC）とネット予約サイトを駆使すれば、驚くほど安価に出かけられます。

グランドツアーだけではありません。動画共有サイトを使えば、クラシックからジャズまで名演が無料でいつでも楽しめます。インターネットはあらゆる言語で発信されていますから、外国語に触れるチャンスも頻繁にありますし、サイトを丁寧に検索していけば生け花や茶の湯といった日本の伝統文化も基礎的な部分は学べます。

○親がいい大学を出ていないとダメなのか？

親が高学歴であるほど子どもも高学歴になるというデータもありますが、そこで「親がいい大学を出ていないとダメなのか」と落ち込むのは勘違い。

人生に必要な3つの資本は次の通りです。文化資本（教養）、経済資本（財産）、社会関係資本（人脈）。日本経済の現状では経済資本を伸ばすのは大変かもしれませんが、文化資本は子どもが生まれてからでも工夫次第でいくらでも高められます。せっかく文化資本を高める環境が整っているのですから、まずは親御さん自身が趣味や教養を深め、文化の素養やマナーを学ぶのがいちばんの近道。

私の英語教室では、**子どもを通わせている親御さん自身が子どもとともに英語を学び、英語力を向上させている**例がたくさんあります。

子育てをきっかけに自分も成長できるなんて素敵だと思いませんか？

親御さんが自らを磨く努力を放棄した挙げ句、すべての教育を学校や学習塾に外注してしまったら、ワクワクしながら生まれてきた子どもたちがあまりに可哀想。学校の授業料を無料化したり、教育支援を充実させたりするのは大事な取り組みですが、何よりも子どもの味方である親御さんが自らの責任を果たすべきだと私は思います。

自己表現がしっかりできる子に育てるには？

――家族で深い対話ができる環境を整える

子どもたちは小さい頃はみんな言いたい放題なのに、大人しく席について5教科を勉強させられているとだんだん覚えるインプットだけが得意になってしまい、それに慣れすぎてアウトプットが少なくなってきます。

確かにインプットがないとアウトプットはできません。私の英語教室でも、導入時はインプット（読み、単語暗記）から入ります。理由は2つあります。一つ目は、英語スピーキングの機会が少ない日本で日本人が英語を習うなら、家庭でらくらくできる文章の読み書きがもっとも効果的だから。二つ目は話す、書くといったアウトプットを上手に行うには、インプットが欠かせないからです。

でも、**日本語ならインプットとアウトプットは同時並行で進めるのが正解**。アウトプットがあると自己表現ができるので子どもたちは快活で明るくなりますが、黙ってインプットばかりに励んでいるとどんどん暗くなって自己表現が下手になります。

○「親に恥をかかせたくないから」と消極的になる子もいる

日本人は5教科を受け身でインプットするのは得意なのに、アウトプットが苦手なタイプが少なくありません。それは横並びの減点主義の弊害。「何でもいいから、思ったことを話してみよう」と表向きは言っていても、失敗を許さない文化が日本にはまだまだあります。

その空気を感じ取った**子どもたちも「変なことを言って失敗したら、どうしよう」と不安**なので自ら何かを表現するのに二の足を踏むのです。

私の教室でも、ママやパパが授業を観に来ているクラスでは、何を聞いてもみんな同じような意見ばかり言う傾向があります。ところが親御さんがいないときに、私が二人きりで同じ質問をすると、みんな自分の意見をはっきり述べます。

子どもたちは親御さんをつねに意識しており、ママとパパが好きなあまり、「私が何かマズいことを言ってこの場で外したら、授業を観に来てくれたママとパパが恥ずかしい気持ちになって可哀想」と気遣っているのです。子どもたちから、**ママとパパ**

に嫌われたくない、親が困る姿を見たくないという気持ちが私にはひしひしと伝わってきます。

サマー・イン・ジャパンに参加してくれる日本の子どもたちも、1日目は心を固く閉ざしたように自分からは何も話せません。しかし講師役のハーバード生が閉じた心をオープンにしてあげると、生まれ変わったように自由に話せるようになります。

アウトプットが苦手な子どもをオープンマインドにして自己表現がしっかりできるようにするためには、家庭での教育が大事です。

英語教室を通じてさまざまな家庭を見ていると、アウトプットが苦手で大人しい子どもの家はパパかママにやや権威主義的な傾向が見受けられます。家庭でパパとママの言うことを子どもが黙って聞くという図式があるので、家の外でも子どもは萎縮して黙っているのです。

かといって友達みたいに仲が良い家族もフランクすぎるので、**フランクでありながら真面目で深い対話ができている環境が理想**です。そうしたら家の外でもアウトプットが増えて自己表現ができるようになります。これも家庭教育でのアクティブ・ラーニングの目的の一つです。

コンピュータ・サイエンスが得意で、じっと黙って考えごとばかりしているオタクタイプのハーバード生でも、外向的でアウトプットが得意です。彼らに聞いてみると、やはり子どもの頃から両親とたっぷり対話をしていたそうです。

○アウトプットが不得意では、ビジネスでも評価されない！

子どもだけではありません。日本では、大人だって下手なことを言うくらいなら黙っていた方がいいし、間違ったことを言うくらいなら周囲に同調した方がいいと内心思っている人は多いのではないでしょうか。

飲み会などのインフォーマルな場所では上司の愚痴から政治批判までベラベラとしゃべっているのに、会議のようなフォーマルな場所では二枚貝になったように口を固く閉ざしてしまうタイプは少なくないはずです。

グローバル化が進むと、典型的なハイ・コンテクスト社会で〝あ・うんの呼吸〟が通じた**日本社会でも、自分から積極的にアウトプットする人材が評価されるようにな**

ります。

昭和時代の社長さんは黙ってエラそうなイメージでしたが、いまやトヨタ自動車の豊田《とよだ》章男《あきお》社長も英語で軽妙なプレゼンをする時代。アップルの故スティーブ・ジョブズのように、リーダー自身が自分の言葉で語る姿が評価されます。

日本でも30～40代でスタートアップ（起業）して成功したＣＥＯには一見軽いノリでよく誰とでも話す人が増えてきました。子どもたちがのびのびと思ったことを伝えられる人間に育つように家庭でアウトプットをする機会を作ってください。

子どもの得意を見つけるのは親の役目
――まずは親の得意や好きなものを選んで体験させる

家庭教育の基本原則となる「明るく元気に」というミッションを達成するには、すでに触れたように**「自分はできる」という自尊感情と自己肯定感を高める**ことが大切。

勉強以外に、スポーツでも芸術でも何か得意なものが一つでもできたら、自己肯定感が高まり、子どもは自信を持って毎日明るく元気に過ごせます。

前著『世界に通用する一流の育て方』では、「とりあえず親が得意なものを子どもに教えてください」と書きました。私の娘も2歳のときに突然「ママ、私はバイオリンやりたい」と言い出したわけではありません。子どもにはできるだけ多彩な体験をさせたいと思い、その一つとして私が得意だった音楽を体験させたのです。

それに対して「子どもがやりたいと思わないかもしれないのに、親の一方的な都合で押しつけるのはひどい」というご意見を頂戴しました。私のまわりにも「子どもの自由意志を尊重して、子どもがやりたいことを自分で見つけるまで待ちます」という親御さんもいらっしゃいます。

でも、考えてみてください。自由意志を尊重するといっても、幼稚園や小学校は親御さんが選んでいます。子どもの方から「ママ、私は数ある日本の幼稚園のなかでも何々幼稚園に通いたい」とは言わないはず。

子どもは親を選べないし、生まれる国や土地も選べません。教育は限られた可能性のなかで行われているもの。そう割り切り、**子どもが選べるオプションを親御さんの方から提供するべき**だと思います。

そして親が得意でよくわかっているものなら、オプションとして提供しやすいというメリットがあります。

初めは小さいうちに、親御さんが得意だったり、好きになったりしたものをピックアップして体験させてください。まわりの友人たちから推薦されたものも、良さそうだと思ったら試してみましょう。

「明るく元気に」育てると、その明るさに引き寄せられるように人の輪ができますから、案外得意を伸ばすヒントがもらえるものです。

何か一つでも得意ができて「自分はできるんだ」と自己肯定感が高まったら、子どもは自《おの》ずと他の新しい分野にも興味を持ち始め、失敗を恐れずにチャレンジし始めて、マルチタスクで得意が増えていきます。

「１万時間の法則」で得意は必ず見つかる
――成功者は、その分野に精通するまでグリットを発揮している

学業でもスポーツでも芸術でも、何か特別なスキルを極めるには最低1万時間の学習が必要であるという**「１万時間の法則」**があります。

1万時間の法則は、イギリス生まれの作家マルコム・グラッドウェルさんが書いたベストセラーで広く世界に知れ渡りました。その基になっているのは心理学の研究であり、チェスプレーヤーや作曲家といった多くの分野の成功者のほとんどは、その分野に精通するまでグリット（やり抜く力）を発揮し、1万時間同じことを繰り返していたというのです。

そこでグラッドウェルさんは「練習しないで天才的な才能を見せつける人」もいなければ、「いつまで練習しても上達しない人」もいないと結論付けています。

グローバル時代に自らの個性を活かして活躍するには、人と違った自らのオリジナリティである〝得意〟を作る必要があります。そして**才能があってもなくても、地道**

に努力し続けなければ自分の得意は生まれないのです。

1万時間というと途方もない長さに思えますが、1日3時間なら10年間。娘は2歳からバイオリンを始めて1日2~3時間練習し、確かに12歳くらいでコンクールでアワードが獲れる腕前になりました。

10年という時間の長さを考えると、得意を伸ばすアクションは早くから始めるべき。そして1日3時間を作り出すために、ＴｏＤｏリストで無駄をなくして家庭教育を徹底的に効率化してください。

忙しいビジネスパーソンほど時間をうまく作り出してジムに通ったりしていますが、1日3時間を作り出そうという目標ができると、漫然と過ごしているときよりも時間の使い方が上手になり、案外時間は作れるもの。5教科のペーパーの無意味な復習をしたり、模試を受けたりしなければ、その時間は作れます。平日にあまり時間が取れないときは、その分週末を活用すればまとまった時間が取れます。

1万時間で何かを習得して終わりではありません。そこはスタートラインにすぎませんから、心地よい場所に安住することなく努力を続けてください。それがアワードというご褒美に結びついたら、子どもに自信がついてもっと努力したくなりますし、単なる得意を超えて社会に貢献、還元できる活動につながるでしょう。

得意はブルーオーシャンで探そう
——ライバルが多いほど、アワード獲得は難しくなる

得意を作って人生を豊かにし、アワードをゲットするためには、レッドオーシャンを避けてブルーオーシャンで勝負する戦略が有効です。

レッドオーシャン、ブルーオーシャンという言葉はマーケティング用語。競争相手が多い既存の市場がレッドオーシャン、競争相手が少ない新規市場がブルーオーシャンと呼ばれています。

スポーツでいうなら、**子どもの競技人口が多い野球は典型的なレッドオーシャン。**体格にも才能にも恵まれたライバルが大勢集まりますから、野球でアワードを獲った

り、プロに進んだりするのは厳しいでしょう。

レッドオーシャンで頑張り、補欠や裏方としてレギュラー選手を支える生き方を賞賛する文化が日本には根強くあります。

補欠や裏方も確かに欠かせない役割ですが、見方を変えるとレギュラーのために少なからぬ犠牲を強いられている損な役回り。自己犠牲を強いられるレッドオーシャンに子どもを飛び込ませていいのでしょうか？

レッドオーシャンで溺《おぼ》れそうになりながら懸命になっているのに一向に芽が出ず、肩を落としてがっかりしている子どもの姿は親なら決して見たくないもの。

収納ケースに何も入らず、**ポートフォリオにも書けないものは思い切って切り捨てる勇気**が求められます。

私ならレッドオーシャンで芽が出ないと思ったら、さっさとやめさせてライバルの少ないブルーオーシャンを探します。

○勝てる土俵で相撲を取る

スポーツ分野でいうなら、ウインドサーフィンやフェンシングといった分野は競技人口が少なく、野球やサッカーなどのメジャースポーツと比べると、ライバルが比較的少ないブルーオーシャンといえます。

あちこちのブルーオーシャンのスポーツを早めに子どもたちに体験させて、そこから芽が出てアワードが獲得できそうな、自己肯定感も高まりそうな種目を見つけてください。

将来プロになったり、日の丸を背負ってオリンピックに出たりするのは無理かもしれませんが、グリットを駆使して真剣にやればポートフォリオに書けるレベルの評価は得られるはずです。

音楽の分野ではピアノがレッドオーシャンであり、それと比べると**バイオリンはライバルが少ないブルーオーシャン**です。

娘のすみれは、初めはピアノとバイオリンを両方やっていました。しかし小柄な娘にはピアノだと体格的に不利になるのでバイオリンに絞りました。バイオリンなら16分の1サイズから始められるので、体格面での不利が少なかったのです。

ただし、ピアノは調律されていますが、バイオリンは自分で調弦できる音感の良さが必須。相撲は勝てる土俵で取りましょう。

スポーツでも音楽でも、成功するケースでは親のサポートが大きな役割を果たしています。ここでも外注先に丸投げしてはいけないのです。

有名な話ですが、イチロー選手は小学校時代にお父さんと毎日のようにバッティングセンターに通っていましたし、体操の内村航平選手は両親が元体操選手でスポーツクラブを経営していました。ピアニストの故・中村紘子さん、バレエの熊川哲也さんも子どもの頃から英才教育を受けていました。

〝ステージママ〟という言葉は決して良い意味では使われませんが、ある一定の期間だけは親御さんがステージママ、ステージパパとなり、子どもを支援してあげることで、ブルーオーシャンで芽が出る可能性が出てきます。

どのマーケットに参入したらポートフォリオ的に良いのかを戦略的かつマルチに考えてあげて全力でサポートしてください。

親御さんが不得意な分野でも、子どもとともに学ぶうちに詳しくなり、人生の楽しみが一つ増えることになります。

とはいえ、すべての子どもが音楽、スポーツ、芸術などに強い関心を抱いたり、資質的体格的に向いているとは限りません。

そういうタイプは自己犠牲を強いられるような場所に身を置かず、リーダーシップが示せるフィールドやボランティア活動といった他の課外活動に時間を使って人間性を高めて社会で役立つ存在になり、ポートフォリオも充実させましょう。

一つに集中するより、多様なスキルセット

――ミスマッチの分野に固執するくらいなら、三日坊主がマシ

「Never put all your eggs in one basket.」英語には、一つのカゴに卵を全部入れるな、ということわざがあります。

そのカゴを落としたら最後、卵が全部割れてダメになってしまうかもしれないので、なるべく複数のカゴに分けて入れた方がよい、という意味です。

前述（95ページ参照）のように、投資家が大事な自分の資産を預金だけ、株だけなど偏らないように、リスク分散を考慮して運用するのと同じことです。

いま、このリスク管理が人の生き方そのものに適用されようとしています。

○時代の変化を先取りする子どもに育てるには

理由は3つあります。1つは、スキルセットの多様化です。一つの道にだけ精進して卓越していれば、決して職にあぶれることはない時代が終わりつつあります。異なる分野にも挑戦して、自分のキャリアポートフォリオをリスク分散することで、時代の急速な変化やニーズを先取りする能力が求められています。

2つ目は、コンピュータ・サイエンス（CS）の台頭による仕事上の問題解決策の変化です。

かつては、ソリューション（解決策）をとことん追求して、その結果導き出されたもっとも安心安全で有効な手段を取る、というものが主流でした。これは医療現場で日々行われている治療をイメージしていただければわかりやすいかもしれません。最適な解決策を選ぶのに時間はかかりますが、人の命に関わることなので手抜きはできません。一度決めてしまうと大きな変更ができないというデメリットもあります。

一方、ＣＳは「すべてがスピーディに変化するのが当たり前」の世界。ＣＳに囲まれて育った若い世代にとって、問題解決は、即席のプロトタイプとなる解決策を作って、すぐに対応することが常識となっています。問題が一度に解決しきれなくても、その都度プロトタイプをブラッシュアップして対応していけばいいので、若い世代はキャリアや人生に対してリセットをためらわない感覚が強いのです。

３つ目は、オートメーション（自動化）。全世界の労働力の80％を構成する46か国の調査を実施したマイケル・チュイ（マッキンゼー・グローバル研究所）らによると、現在の世界の賃金労働の約半分は、既存技術の導入で自動化できる潜在性があり、なかでも日本は世界トップの55・7％です。

このような近未来のジョブマーケットを生き抜くには、早くから教育に「多様なスキルセット」「キャリア多様性」を導入すべきです。

これからの時代は、5教科の勉強ができることだけをセールスポイントにしても、通用しないのはもちろん、それ以外の得意分野が育っていなければ将来のキャリア選択が狭まる可能性があるかもしれません。

もはや5教科ができることは一芸でしかない、と言っても過言ではないでしょう。

部活を例にして考えてみましょう。野球が好きで、小さい頃から打ち込んできた結果、「僕から野球を取ったら何も残りません」というのは一見すると感動的に思えますが、実は困りものなのです。

強豪校のレギュラーの座をつかみ、甲子園に出てプロの道に進めるのはほんの一握りですから、野球以外の得意を作っておくのがリスク管理です。

「中学3年間頑張ったのだから、芽は出ないかもしれないけど高校3年間も引き続き頑張ろう」と思うかもしれません。

向いていなくて結果も出ないことを続けるとモチベーションが下がりレベルアップ

がますます難しくなります。きっぱり諦めて次に進む決断力が大事です。

「石の上にも三年」で、一度始めたことは本人に向いていなくてもネバー・ギブアップで続けるという根性論はそろそろ終わりにしましょう。

○体格や資質によって避けられない「向き不向き」はある

バイオリンを例に取りましょう。ピアノは調律師が調律していますから、誰が鍵盤を叩《たた》いてもドの音はド、レの音はレが出ます。弾く人によって違うドの音が鳴ったりすることはありえません。

一方、バイオリンは初めにA線（4本の弦のうちの2番線）を演奏者自らが調弦します。チューナーなどを用いて、A（ラの音）を442ヘルツや443ヘルツに合わせるのです。そうして作ったA（ラ）の音をベースにして、ドレミファソラシドといった音階すべてを、弦を押さえる左手の指先の微妙な感覚と耳を頼りに組み立てていくのです。

ですから、ピアノでは黒鍵と白鍵を弾けば誰でも正しい音が出せるのですが、バイオリンですと、弦を押さえる場所が髪の毛一本分でもずれていると正しい音が出なかったりするので、誰でも正しい音階が弾けることにはならないのです。

正しいドレミファソラシドの音階が弾けないのに、曲を練習するとどうなるかというと、本人は譜面通りに弾いているつもりでも、そもそもの音がズレているので聴く者に「何かが違う」と思われる演奏になってしまうのです。

グラッドウェルさんは「いつまで練習しても上達しない人はいない」と言っていますが、1万時間で上達してもそのスタートラインから飛躍するには、持って生まれた資質や体格といった練習以外の要素が関わってくるのです。

運動でも、100メートル走のような短距離が速い選手とマラソンのような長距離が速い選手の違いは、努力以前に筋肉の質による部分が大きいといわれています。体質的に短距離向きなのに長距離を続け懸命に努力しても、体質的に向いているタイプよりも高いパフォーマンスを出すのは難しいのです。

娘は小さい頃、バレエを習っていました。楽しく通っていましたが、将来プロのダンサーになるには体格的に向かないと判断してやめることにしました。

何をやっても続かないという三日坊主では1万時間の法則がクリアできないので、たとえ才能があっても伸びませんが、ミスマッチの分野に1万時間も固執するくらいなら三日坊主の方がマシ。

ミスマッチの分野には見切りをつける決断力を持って、多種多様な体験をしながら、本人の資質にベストマッチングするものを見つけて突き詰めた方が子どものためになるのではないでしょうか。

「好きなこと」が「成功」する3つの秘訣
――地味な努力に子どもをハマらせるコツがあった！

人間には誰でも好き嫌いがあります。好きなことはもっとやりたいのに、嫌いなことはちっともやりたくありません。

好きなことなら誰でも好んで熱心に努力するので、右肩上がりでレベルアップして早期に上達します。ことわざにあるように「好きこそものの上手なれ」なのです。

ここで乗り越えるべきハードルが3つあります。

①好きなものをどうやって継続させるのか。
②好きなものをいかに高度な技術の獲得につなげるのか。
③好きなものをどう他人から注目されるレベルのオンリーワンに育てるか。

好きなものはどの子どもにもあるでしょうが、この3つのハードルを乗り越えられない場合が多いと思います。親御さんはどうサポートするべきでしょうか。

「好きこそものの上手なれ」の次の段階は、「地味こそものの上手なれ」だと私は考えています。それが3つのハードルを軽やかに越えるコツです。

一見すると派手そうに思えるものでも、それを支えているのは日々の秒単位の地味な努力です。

2015~2017年と箱根駅伝3連覇を果たした青山学院大学陸上競技部の原《はら》

晋《すすむ》監督は「青学の陸上競技部はメディアで活躍ぶりが注目されてチャラチャラしていると思われているみたいですが、実態は宝塚歌劇団と同じ。舞台上では着飾っていても、裏では泥臭いことを続けているのです」とおっしゃっています。

いくら地味でも、成功する人がその努力をやめないのは、努力を続ければ続けるほど、「もっと進化したい」「もうひと山越えて次のステージの景色が見てみたい」という旺盛な好奇心が刺激されて地味な作業の楽しさにハマってくるからです。

一度地味な作業にどっぷり浸かると、果てしない進歩を目指してもっと努力したいと自然に思えるもの。そして地味な作業の繰り返しこそが、自らを進歩させる楽しい生き甲斐になると気づくのです。

親御さんはそんな子どもの頑張りにいちばん近くで寄り添いながら、ただひたすら褒めて褒めて褒め倒してください。それが子どもたちの何よりの力になります。

最小限の努力で最大限のリターンを得るコツ

――たった5分のサポートで、練習が習慣になる

子どもの得意を伸ばすには、子どものモチベーションを高めるような環境作りも大切です。

たとえば、子どもが幼いうちはバイオリンは音を出すまでの準備に手間隙《てまひま》がかかります。楽器ケースを開けてバイオリンを取り出したら、調弦して弓を張ってワックスを塗り、譜面立てに譜面を置かないとレッスンが始められないのです。

何事もプロセスが面倒だと慣れないうちは子どもは億劫《おっくう》がってやりたがらないので、そこまでのオペレーションをいかにスムーズにするかが勝負。出汁《だし》を取るところから始めると味噌汁《みそしる》を作るのも面倒に感じるもの。それと同じです。

調弦は本人がやるしかありませんが、練習が楽しくなって完全に習慣化するまでは、ケースからバイオリンを取り出し、譜面立てを組み立てて譜面を置くところまでは私が手伝っていました。

さらにやる気が出るように、私はＣＤ（いまなら動画共有サイトが便利ですね）でバイオリンの素敵な曲を聴かせてから、「この曲、スゴくいいね」と娘に話しかけて、「こんな曲が弾けたらきっと楽しいだろうな。あっ、ちょうどこの曲の譜面が譜面立てに置いてあるよ。弾いてみない？」という具合に誘導することもありました。

出だしの5分間だけサポートして、「バイオリンってやっぱり面白そう。今日もやろう、やろう！」という楽しげな雰囲気を作ってお膳立てをしたら、その場を離れてキッチンで夕飯の準備をしながら演奏を聴くだけで大丈夫。

このように、子どもが練習に向き合いたくなるような明るい雰囲気を親御さんが作ってください。

共働きで9時から17時までフルタイムで働き、残業もあるという生活だと、ワーク・ライフ・バランスを保ちながら家庭教育に時間を割くのは大変です。だからこそ、**最小限の努力で最大限のリターンが得られるように準備を整えておく**べきです。

バイオリン以外にも私は、翌日娘と読む絵本のひらがなで書かれた単語を、別紙に漢字で書きなおして、切り取って貼りつけて準備したり、オモチャを手作りしたりしていました。

仕事も家事も終えた夜間の作業でしたが、自分の子どものための作業ですから、重荷ではなくむしろ楽しいもの。忙しい日々のなかでも、子育ての準備を趣味の一つとして味わう余裕を持ってください。

「勉強したの？」は最大のタブーワード
——小4までは、親も一緒に勉強する

子どもに勉強をしてほしいなら、「勉強したの？」「宿題やったの？」はNGワード。

勉強に限らず、「〜〜したの？」は子育て最大のタブーワードです。

私は娘に「〜〜やったの？」と言ったことは一度もありません。

そもそも家で「宿題やったの？」と思わず声をかけたくなるような子どもは、学校でも勉強していません。**「学校では先生が見張っているから、勉強しているだろう」**

というのは親御さんの勝手な思い込みにすぎません。学校に外注したら、勉強ができているというのは勘違いなのです。

基本的に、子どものキャラは家と学校で変わりません。家ではゲームばかりするタイプが、学校で人が変わったように勉強に打ち込むはずがないのです。ライブカメラで学校の教室の風景をこっそり流したら、外注先では真面目にやっていると思い込んでいる親御さんはびっくり仰天して椅子から転げ落ちるかもしれません。

「家ではまったく勉強しないから、塾の自習室に通わせています」とおっしゃる親御さんもいますが、**塾の自習室は息抜きの場所**。自宅で勉強する習慣がないのに自習室で真面目に勉強している子どもはほとんどいません。大半は友達としゃべったり、スマホでゲームをしたり、動画共有サイトをボーッと見たりしています。子どもが集中していない姿を見ないで済むから、親はホッとできるのです。

○命令ではモチベーションは上げられない

家でも勉強しない、学校でも勉強しない、塾でも勉強しない……。そんな子どもにしないための秘訣《ひけつ》は一つしかありません。何度も指摘しますが、親御さんは子どもにとって初めて出会うお手本ですから、親御さんが態度で示すのです。

英語にはこんなときに使える**「Show, don't tell.」**という名言があります。

日本語に訳すと**「命令しないで、態度で示そう」**といったところでしょう。「宿題しなさい」と叱るのではなく、親御さんが何かに打ち込んでいる姿を子どもに見せます。

英語には「Actions speak louder than words.」ということわざもあります。「行動は言葉よりも雄弁である」という意味。旧日本海軍で連合艦隊司令長官を務めた山本五十六も「やってみせ、言って聞かせて、させてみせ、ほめてやらねば、人は動かじ」という言葉を残しています。いずれも言わんとするポイントは同じです。「〜〜しなさい」と他人から命令されたとしても、誰もモチベートされないから、態度で示しなさいというのです。

○小学4年生までに差がつく子どもの勉強習慣

日本ではなぜか宿題は子どもが一人でやるものと相場が決まっていますが、家族団欒のネタとして親子で一緒にやるのをおすすめします。私は娘が小学4年生（10歳）になるまで一緒に勉強をしていました。

一緒に勉強する方法は2つ。一つは、時々子どものそばに座って、子どもの宿題にとても関心があるようにして、楽しそうに振る舞うだけ。子どもは親が喜ぶことをするのが好きなのです。

もう一つは、宿題をやってそれで終わりにするのではなく、話題にして面白くすること。理科の星座の宿題ならその場でギリシャ神話をスマホで検索して楽しく話す、国語なら即席プレゼンを親子でやる、などコミュニケーションしながら宿題をこなすと記憶にも残りやすいものです。

小学4年生くらいまで**勉強中に親御さんが隣に座って楽しそうにしていたら、そこから先は知らない間に子どもだけでも勉強する習慣**がつきます。子どものキャラは家でも学校でも同じですから、家で勉強していれば学校でも勉強しています。

私の英語教室でも、親御さんに「お子さんが小さいうちは隣で親御さんも勉強してください」とアドバイスします。

ママやパパが横に座って絵本などの音声データを聴きながら声に出して読む練習をしたり、英単語を覚えたりしていると子どものやる気が引き出せますし、親御さんの英語も上達します。そうこうするうちに、**小学2年生からの2年間の学習で、英検2級（高校卒業程度）に合格する生徒もいます**。

小学4年生以降になると自分で自分の意見が言える作文が大好きになったり、英語の本を読んだりするのが大好きになったりします。あとは親御さんがそばにいなくても英語の勉強は進みます。順調にいけば「ratification（批准）」とか「lament（悲歌）」といった親も知らないような難しい単語がたくさん出てくる頃ですから、そろそろ親もお手上げになります。

娘のすみれに英語を教えたのも2歳から小学4年生まで。あとは一人で学び、海外滞在経験もなしに、ハーバード大学を受験して合格するだけの英語力が身につきました。

テストをしたり、復習したりしてはいけない
――試されるのがイヤで、学ぶことに臆病になってしまう

子どもと並んで仲良く勉強していると、テストをしたくなるかもしれません。でも、それは絶対にやめてください。「いまのところ、ホントに覚えたの？」とすぐに聞かれても、１回読んだり書いたりしただけで覚えられるわけがありません。

英語でも何でも、何回もリピートするうちに頭に入って覚えるものなのに、毎回のようにテストされると鬱陶《うっとう》しいだけ。「ホントにわかったの？　じゃあ、これはナニ？」と試そうとしてしまうと、**試されるのがイヤで学ぶことに臆病**になったり（これは大人でもイヤですよね？）、間違うたびに自己肯定感が下がって劣等感を覚えてしまったり、モチベーションが下がったりする恐れがあるのです。

本質的にテストは学ぶ子どもたちのためにあるのではなく、どこまでわかっているかを知っておきたい教える側のためにあります。

家庭では、継続は力なり、をモットーに地道にインプットを続けます。

○やりっぱなしで、小学4年生が英検2級に合格

私の英語教室ではテストを一切しません。テストなしのやりっぱなしだから、前述のように小学2年生が2年間で英検2級に合格できるのです。

テストは人生のあるポイントにおいて数回ほど必要ですが、家庭はもちろん学校や塾でも**かけがえのない時間を単語テストや文法テストに費やすのは無駄以外の何ものでもない**と私は思っています。

私は英語教室に子どもを通わせている親御さんに、毎週のように「家でテストをしないでくださいね」とメールを送っています。

どうしても子どもの上達度が知りたくなったら、テストと感じさせないテストをしてみましょう。英語でクマが主人公の絵本を子どもと読んでいるとしたら、「聞いてあげるから、クマさんがどうなったかママにお話ししてみて」と言うのはOKです。するとと子どもは覚えているストーリーを適当にしゃべりますから、「すごーい、そこでクマがどうなるの?」と聞いてあげるのです。

そこで、何かの拍子に良かれと思って「"play"は現在形。ここは過去形の"played"

でしょ」などと親がチェックを入れたりすると、子どもたちはたちまち萎縮します。

そういう**細かいところは放置しておけば、先へ先へと読み進むうちに現在形と過去形の違いも自動的にのみ込める**ようになります。

さらにテストをすると、間違った箇所を復習しないといけなくなります。習ったことを自分でもう一度復習するのは当たり前ですが、テストで間違ったところを復習するのは意味不明かつ時間の無駄です。

○不得手なところを復習するのは時間の無駄

一度間違っているということは苦手な証拠。その不得手なところにもう1回わざわざ時間を割くのはバカバカしい話です。

それよりも**好きで得意なところを伸ばしてあげた方が劣等感を覚えない**ので、学びへの意欲が高まります。

英語だけではなく、学校では毎日のようにテストが行われています。国語、算数、理科、社会と科目ごとにテストし、間違った苦手なところを復習していたらキリがありません。不毛な復習をしなくても、小学校、中学校、高校で習う内容は違うので、学習が進んだら楽しくなり、得意科目になるかもしれません。

たとえば、中学入試に出る鶴亀算《つるかめざん》という問題があります。「鶴と亀が6匹います。脚が合計20本なら鶴と亀はそれぞれ何匹いますか？」といった計算問題です。苦手な子どももいますが、鶴亀算は中学に入ったらもう扱いません。算数が数学になり、方程式を学べば鶴亀算は不要なのです。鶴亀算の段階で復習続きで算数が嫌いになってしまい、数学を学ぶ意欲を失ったら何にもなりません。

日本人として初めてノーベル賞を受賞した理論物理学者の湯川秀樹さんは「量子力学を突き詰めたら神と哲学だった」という意味の言葉を残しています。一つのものを突き詰めると全体が見えてくるのです。

数学の話に戻すと鶴亀算は苦手でも、微積分や行列まで進んだらとたんに数学が楽しくなって一転して得意になる可能性もあります。

テストで間違ったところの復習を勧めたくなる親御さんは、何か一つでも理解が足りないと次の段階へ進めないのではないかと不安になるのでしょう。でも、そんなことはありません。湯川さんがおっしゃるように、突き詰めると真理は一つなのですから、興味が持てる分野を探してそこを徹底的に掘り下げれば本質がわかるようになります。

苦手なところをテストで見つけ出して、見つかるたびに細かい復習をしていたら時間がいくらあっても足りません。

５教科以外にもやるべき課外活動などがたくさんあるのですから、家庭教育でも学校教育でもテスト⇓復習⇓テスト……という不毛なスパイラルにハマらないようにしてください。

宿題も問題集も解いてはいけない
――まずは答えを丸暗記して、時間を有効活用

いまの子どもは授業でも宿題でも夏期講習でも5教科を学び、さらに学習塾で教科

書以外の問題集を解いたりします。

現在でも十二分に無駄で子どもの時間がもったいないと思いますが、これから大学入試で前述の5教科以外の要素も重んじられるようになると、宿題に頭を悩ませたり、問題集を解いたりする時間はありません。

問題を解くためだけに、学習塾に行くのはまったく無益。問題集も宿題も解かず、答えを丸暗記してください。

答えがない問いを追求するのが、今後求められる本物の知性。宿題にも問題集にもちゃんと答えがあります。**すでに答えが出ている問題を一人で解いて時間をロスするのは即刻ストップ**しましょう。

先生が出した宿題を一人で時間をかけて解き、翌日学校で答え合わせするなんてナンセンス。学校側が問題集に付いている解答集を回収する場合もありますが、そんなときは問題集をもう1冊取り寄せて解答集をゲットしてください。

私自身は丸暗記を強いるロート・ラーニングには反対ですが、テストされる内容が暗記を求めている以上、丸暗記は肯定するしかありません。

1日3時間×10年で自分だけの得意が作れるのに、子どもは小学校から高校まで12年間、日々7〜8時間ほど学校に通っています。**問題と答えを丸ごと暗記すれば、もっとサクサクと学習が進む**はず。暗記で学習を効率化して、余った時間を自分の得意を伸ばすことやボランティアなどの課外活動に使ってください。

先生の手助けがいるとしたら、何かの理由で不得手になっている科目です。そうした科目は放課後、先生に「わからないところがあるから、教えてください！」と声をかけて教えてもらってください。喜んでサポートしてくれるでしょう。娘も授業中は教科書と先生の解説の暗記に努めて、疑問点はその日の放課後、先生に直接確認してクリアにしていたそうです。

○丸暗記では学力が身につかないって本当？

問題を解くことに比べると、暗記の重要性は私が思っているほど意識されていないようです。

私の英語教室の中学生の生徒さんから、実力は英検準1級レベル（大学中級程度）なのに、「学校の英語のテストで90点しか取れなかった」と聞いて驚いたことがあります。

理由を尋ねたら「英検準1級だから、教科書を見なくても満点が取れると思った」という答えが返ってきましたが、学校の試験は教科書の何ページから何ページまでと出題範囲が決まっているのですから、そこを暗記していなかったら100点満点は取れません。教科書の通りに解答しないとテストの点が下がり、内申書の成績も悪くなってしまいます。

日本人は長い時間をかけて難しい問題集を一人でウンウン唸《うな》りながら解くことだけが学習だと思っています。

でも、子ども時代は〝光陰矢の如し〟ですから、答えがわかっている問題を解くのにいちいち時間を費やす余裕はありません。

暗記は地味な作業です。覚えるべきところにマーカーを引いたり、答えを見て赤ペンで教科書や問題集に書き込んだりして、赤シートなどで答えを隠しながら繰り返し読んで覚えるのです。

英語なら、英文を何度も読み込み、怪しいところを重点的に反復して覚えます。文法の問題集を解くよりは、正解を書き写して英文をすべて音読します。初めから正解を頭に叩き込みます。

丸暗記は、子どもたちに課せられた5教科の学力を一時的に身につけるための緊急措置的な手段にすぎません。

言い換えるとその場をやりすごすための方法であり、テストが終わったら復習などに貴重な時間を使わずに即忘れて大丈夫。忘れたとしても、一度脳にインプットした内容はまたすぐに取り戻せて覚えられます。

暗記に飽き足らず、子どもたちがどうしても数学が気になる、あるいは世界史が好きすぎるというなら、『フェルマーの最終定理』や『サピエンス全史』といった本を買ってあげてください。

そうすれば自分の興味のある分野により好奇心がかき立てられて、背景を理解しながら暗記できるので学習効果もアップします。

子どもたちの脳のスペースも時間も有限なのですから、暗記で勉強を省力化・時短化したら、5教科以外の活動に関心を向けるようにしてください。

5教科を学ぶビジョンを示す
――「こんな面白いことができる」とわかれば、意欲が高まる

学校で習う5教科は基礎的な学力を身につけるのが狙い。そこで身につけるのは学力という名前の〝道具〟の使い方にすぎません。

小学校から大学に入るまでの12年間、学校でも塾でも宿題でも必死になって道具を身につける方法を勉強しますが、その道具を使って何をするかを教わるチャンスはほとんどありません。

でも私は、道具を使って何ができるかを先に教えるべきだと思います。**どんな活用法があるのかというビジョンを先に示すと、学習意欲は高まる**からです。

英単語を暗記するときには、「単語の意味がいっぱいわかれば、もっと多くの絵本が楽しく読めるようになるよ」と教えてあげると、子どもたちは俄然《がぜん》やる気を出します。

英語に限らず、国語だって言葉の微妙なニュアンスの違いがわかるようになると読解力が上がり、同じ本を読んでももっと面白くなります。

数学が得意な大学生に話を聞いてみると、数学そのものが好きな人は少数派であり、数学という道具を使ってできることに面白さを感じているようです。

算数なら距離を時間で割ると速度が出るとわかると、時刻表と地図から新幹線の時速が計算できます。

私の元教え子の大学生に頼み、三角関数を小学生に教えてもらったときは音楽を使っていました。ピアノの鍵盤でドミソを指でバーンと押さえるとキレイな和音が鳴り響きます。それを三角関数で表わせると教えてあげると、算数が得意ではない子どもたちも「へぇ～」と驚いて興味を持っていました。

理科で植物や昆虫に関する宿題が出たら、図鑑を参照したり、庭やベランダの植物を観察したりしながら、そこで学んだ知識をベースに「最近アメリカでミツバチが激減しているらしいけど、なぜだろうね？　農作物にも悪い影響が出るらしいよ」などと話し合ったりすれば、ちょっとしたアクティブ・ラーニングにもなります。

道具を身につけるプロセスでは暗記が欠かせません。「何の役に立つの？」と疑問に思いながらやると退屈なだけですが、「これを覚えたら、こんな面白いことができる」と思ったら意欲が出てくるもの。親御さんもぜひその手伝いをしてください。

教育費に青天井でお金をかけてはいけない
——子どもは「資産」ではなく「負債」と考える

その昔は子だくさんであり、子どもたちは家事や子守りを担う一家の大事な働き手であり、農作業や丁稚《でっち》奉公などで稼ぐ家計の資産でした。いまでも発展途上国では子どもは貴重な働き手として家計を支えています。

子どもは資産であり、頼れる働き手だった時代には、残念ながら十分な学校教育も家庭教育も施すことはできませんでした。発展途上国では現在でも満足な教育が受けられない子どもたちが大勢います。

現代日本の子どもたちの多くは家計を支える労働からは解放されており、幸いにも学校教育も家庭教育も受けられる恵まれた環境にいます。

その環境には感謝するべきですが、見方を変えてみると、**子どもは資産から負債になった**ともいえます。宝ものである子どもを〝負債〟と表現するのは少々乱暴で違和感があるかもしれません。

ですが、**幼稚園から高校まですべて私立に通うと教育費は一人あたり平均1750万円、それに大学4年間を合わせると2000万円を超える**とされています。子ども一人を育てるのは、2000万円の負債を負うようなもの。「家族が増えたらもっと広い部屋で暮らしたい」とローンを組んでマンションを買ったりすると、そこへプラスして数千万円の負債を抱え込む結果となります。

それだけの負債を背負って大学に入れても、私の周りの大学生たちからは「授業のレベルが低すぎてつまらない」という不満の声ばかりが聞かれます。

世界の大学ランキングで日本の大学が上位に少ない事実からもわかるように、**グローバル水準に照らすと日本の大学の大半は高等教育機関として機能していない**のです。

そこへ大金を費やすのは、不良債権にお金をかけるような行いです。

子どもを負債と捉えると、教育費はできるだけ抑えるべき。教育費は聖域で削れないと思い込んでいる親御さんもいますが、努力次第でいくらでも削れます。

家計には自動車やマンションのローンもありますし、子どもが巣立った後に夫婦で老後を過ごす資金も必要になります。

子どもがいくら大事でも、教育費もベストなコストパフォーマンスを叩き出しましょう。企業と同じように家計にも経営努力が求められるのです。

○世帯年収7－5万円以下ならハーバードは全額免除

幼稚園から大学まですべて公立なら〝負債額〟は1000万円に抑えられます。学校に外注しても5教科しか面倒を見てくれないのですから、学校は公立を選んで負債額を圧縮するのも一つの手です。娘は高校までずっと公立でしたから、**学費は小中高12年間で50万円で済みました。**

ちなみにハーバード大学では、学費と寮費（ハーバード大学は3食付きの全寮制です）などを合計すると年間計6万8000ドル（1ドル110円換算で約750万円）かかりますが、所得に応じて免除があり、**とくに世帯年収6万5000ドル（同715万円）以下の家庭は全額免除**です。年収6万5000ドルから15万ドル（同1650万円）の家庭も、実際に支払う額が年収の0％から10％になるように返済不要の奨学金が出ます。

世界中から優秀な学生を集めるために、**ハーバードのような海外の有力大学ほど低コストで学べる**ようになっています。

日本の大学だけではなく、**海外のトップ大学への進学も視野に入れて教育費を抑えましょう。**

○全国模試で1位になっても、履歴書には書けない

教育費で削れるのは学習塾と模試に使うお金です。

学習塾は、学校を遥かに超えたレベルの内容を子どもたちに教える教育機関、私財を投げ打ってでも理想の教育を社会に問う私塾とは違います。学校で習う範囲をわざわざ予習復習したり、公立中高の入試対策を扱ったりするのは、本来なら教育の基本で、お金を払ってまで学習塾に通うのは違うと思います。

予習復習塾に外注してしまうケースは、2パターンあります。一つは、「A君もB君も塾に行っているから」と横並びの同調圧力に負けてしまう場合です。

もう一つは、両親のどちらか、あるいは両方とも大卒ではないが、子どもを大学に入れたい「ファーストジェネレーション」と呼ばれる世代が、大学受験の仕組みを知らない不安から外注に頼ってしまうケースです。

5教科の学力テスト準備に子どもの貴重な時間と意識を集中させるあまり、家庭の文化資本や親の得意を活かした分野で子どもを伸ばすチャンスを逃していることもあります。

「あのときこれをやっていれば、うちの子はこんな可能性もあったのに……」とならないように、コストパフォーマンスが最高の家庭教育に注力してみてください。

どんなに5教科ができて全国模試で1位を取ったとしても、その結果は履歴書には書けないのです。

模試やテストをこんなに何回も受けさせる国は世界でもごく少数。その模試代を家族がハッピーになるファミリーイベントに使ってはいかがでしょうか。

英語編

入試以降も
「使える英語」を磨く

英語教育＝「家庭では無理」はウソ！
――語学は塾や学校に外注しても効果は薄い

言葉、数字、お金など、私たち人間社会を動かしているのは、突き詰めると記号です。これらの記号の使い方を子どもたちに早くから教えてあげると、彼らはこの社会のルールを覚えて自由かつ楽に羽ばたけます。

なかでも家庭で教えたいのは言葉。日本語はもちろん、グローバル社会の事実上の共通語である英語を親御さんが教えてあげてください。

英語教室を主宰している私が言うのもおかしな話ですが、**語学は外注先に丸投げしても効果が薄い典型的な科目**です（私の教室でも、家庭学習を併用して英語力を伸ばしています）。

いまなぜ家庭で子どもに英語を教えるべきなのか。理由は2つあります。

一つ目の理由は、外注先で英語を教える人材が足りないうえに、メソッドも確立していないから。

後述するように、**次期学習指導要領により、2020年から小学校の英語の授業が2年前倒しになり、小学3年生からスタート**します。

それを踏まえていま教育界は英語関連起業ブームに沸いています。先日お邪魔した起業家の会合では、その場のおよそ3割が英語関連でした。これから小学校で英語を教える先生が大勢必要になりますから、その資格取得をターゲットに勉強を始める社会人も増えています。

小学校高学年（5、6年生）では、学級担任が専門性を高めて指導し、英語を専門に教える専科指導を行う教員、外国語指導助手（ＡＬＴ）などを積極的に活用する予定になっています。

ところが、日本には公立の小学校だけでも2万校以上あります。英語を専門に教える専科指導の先生が3万人から4万人も必要になる計算ですが、それだけ多くの人材をいったいどのように確保するのでしょうか。

人材不足を補うべく、小学校などの英語教育に参入する社会人全員が、英語がキレキレバキバキにできて、海外留学や海外勤務経験があり、アカデミックでロジカルな英語に精通しており、教職や指導経験が豊富だとはとても思えません。ひょっとしたらなかにはそういう方が交じっているかもしれませんが、間違いなく少数派でしょう。

これから英語スクールを作ろう、あるいは小学校で英語教師になろうと志して必死に勉強している社会人たちと、いま家庭で「うちの子どもを、どこの英語教室に通わせようか」「どうやって英語の成績を伸ばせばいいのか」「何かいい教材がないか、Amazonで早く取り寄せて試してみなければ」などと悩んでいるママやパパとの決定的な差は一つしかありません。それは「やる」か「やらない」かです。

中学レベルの英語知識すら、あやふやな英語教師は大勢います。小学校での英語教育が早期化すると、人材不足は深刻になり、頼りにならない英語教師はもっと増えるでしょう。

そんな**大多数の英語教師と、親御さんの英語の実力差はない**と思ってください。むしろ親御さんの英語レベルの方がずっと高いケースだってあると思います。ならば、「やらない」という選択肢はありません。

早期から英語力を身につけることは、英語のみならず日本語力にも良い影響を与えますから、社会を生き抜くうえで重要な子どもの言語能力を大きく伸ばしてくれます。勘違いしないでほしいのですが、家庭で英語を教えるといっても「be動詞が過去形だから……」とか「この主語の関係代名詞は……」などと子どもに文法を吹き込むのでは決してありません。

横に座って親子で英語の絵本を声に出して読んだり、それを聞いてあげたりして子どもの英語力をめきめきとアップさせてください。

○ロジカルな英語、論理国語は日常会話で磨かれる

家庭で親御さんが英語を教えるべき二つ目の理由は、コミュニケーション能力を育てるのに最適な場所は、家庭以外にないからです。

日本語も英語もコミュニケーションの道具であり、それは他ならぬママやパパとの会話によって磨かれます。

小学校に上がるまで、子どもと過ごす時間がいちばん長いのは親御さんです。ママとパパが日本語と英語の先生になったつもりで、子どもとつねに会話を交わしながら

コミュニケートする力を伸ばしてください。

ことにロジカルな英語、それを換骨奪胎《かんこつだったい》して次期学習指導要領から採用される論理国語（仮称）は、家庭での子どもとのやりとりで十分伸ばせます（その点は後述します）。

新しい学習指導要領では、高校生までに英語でディベートしたり、交渉したりする能力を身につけることを目指しています。ディベートも交渉もコミュニケーション力の善し悪しに左右されています。だからこそ、家庭で早期に子どもたちのコミュニケーション能力を高めてあげてください。

家庭なら600の英単語を覚えるのに3か月で済む
――日本人の英語が壊滅的に下手な理由は、メソッドがないから

前述のように2020年から国が定める学習指導要領が変わり、外国語（英語）教

育の抜本的強化が図られる予定です。

その中身を見ると〝抜本的強化〟にはほど遠く、**とても学校教育には頼れない、家庭で英語を教えるしかない**とはっきりわかります。

まずはどのように変わるのかを詳しくチェックしてみます。

現在では小学校高学年（5、6年生）で年間35単位（週1コマ程度）の英語教育を行っていますが、新しい学習指導要領では小学校中学年（3、4年生）から年間35単位（週1コマ程度）の指導が始まる予定になっています。

小学校中学年での英語教育は「活動型」と呼ばれており、おもに担任の先生と外国語指導助手とがタッグを組み、チーム・ティーチング（Team Teaching：TT）スタイルで行われることになっています。

小学校高学年（5、6年生）では「教科型」となり、これまで中学校で行っていたような教育を年間70単位（週2コマ程度）で前倒しして行う予定になっています。そうなると私立中学の入試科目に英語が加わる可能性が高まります。

○中1英語を小学校の4年間で学ぶのは壮大な無駄

この次期学習指導要領の問題点は大きく2つあります。

一つ目はすでに触れた人材不足とメソッドが確立していないという問題です。

二つ目の問題点は**授業レベルのあまりの低さ**です。

目標を見ると、小学3年生から6年生までの4年間で600〜700個の英単語を扱うことになっています。

現在の中学1年生が1年間に覚える単語数が700。それを4年間もかけて学ぼうというのです。

あとでやり方を説明しますが、**家庭教育なら600語の英単語を覚えるのに、1日3分で3か月**ほどしかかかりません。

次期学習指導要領では、小学校高学年で「外国語やその背景にある文化の多様性を尊重し、相手に配慮しながら聞いたり話したりすることに加えて、読んだり書いたりすることについての態度の育成も含めた、コミュニケーション能力の基礎を養う」となっています。

その目指している方向性は間違っていないと思いますが、わずか700語でその目標に到達できるのでしょうか。

私はつねづね現在の中学英語も「不要、無駄」と唱えています。**読む、聞く、話す、書くという英語の4技能を伸ばすためのカリキュラムが不十分で、英文法をbe動詞から順番に教えていく方法だから、日本人の英語は壊滅的に下手**なのです。

次期学習指導要領はそんな中学1年生の英語を小学3～6年生の4年間かけて学ぶ壮大な無駄。なぜそうなるかというと、12歳未満の子どもに英語4技能を教える仕組みが整っていないからです。

私の英語教室で英検準2級（高校中級程度）を取っている小学5年生に「学校で何をしているの？」と聞いてみたら、ローマ字で日記を書かされている生徒もいました。「KYO WATASHI HA TOMODACHI TO KOUEN NI IKIMASHITA（今日、私は友達と公園に行きました）」などと日本語をローマ字に直して書かされているのです。

アルファベットを覚えさせるのが狙いかもしれませんが、握力も筆圧も弱い子どものうちに書く練習ばかりさせられると、英語が何かがわかる前に手が痛くなり、英語嫌いになる恐れがあります。

先生たちもたぶんどのように教えるかがわからないので、漢字の書き取りのノリでアルファベットを延々書かせているのかもしれませんが、私の経験では**読むことが優先であり、書くことはもっと後回しにしても平気**なのです。

○英語教室では、本当に必要な4技能が伸びない

次期学習指導要領でも、先生が掲げた犬の絵を見て生徒全員で「Dog!」と答えて、先生から「〝私は犬が好きです〟は英語で〝I like dogs.〟です。はい、みんな!」と促されて「I like dogs!」と生徒が一斉に言うような幼稚な授業が行われるでしょう。次は猫の絵を見て「I like cats!」、鳥の絵を見て「I like birds!」で1週間は軽く持たせるかもしれません。

これで学習指導要領が狙う、外国語とその背景にある文化の多様性を尊重したコミュニケーション能力の基礎が作れるのでしょうか。

小学校での英語教育が2年前倒しになるとわかると、幼児英語教室に通わせて子どもの英語力を養おうとする親御さんも増えるでしょう。でも、それは実態を知らないから。そこに時間とお金をかけるなら、家庭で自ら英語を教えてください。

幼児英語教室で行われている授業の大半は、ネイティブの講師による簡単なゲーム、ハロウィンやクリスマスなどの季節ごとのイベント、歌、テキストの書き取りなど。ネイティブ講師とともに歌ったり、「今日の天気は？」「誕生日はいつ？」といった簡単な会話を交わしたりするだけでは、いつまで経っても英語の4技能は身につかないのです。

日本語が先か、英語が先か？
――日本語も英語も同時に伸ばす魔法のツールを活用

日本語すらおぼつかない段階で、早期に英語を教えることによる弊害を恐れている親御さんもいると思います。

確かに学校や塾に外注したら、弊害が生じるかもしれません。前述のように12歳未満の子どもに英語を教えるメソッドが確立されていませんし、スキルを持つ教師を育成するシステムも時間も圧倒的に不足しているからです。

そこで幼稚な英語の幼稚な内容のレッスンを受けるくらいなら、家庭で日本語の本を読んで語彙《ごい》を増やして、国語力を伸ばした方が遥かに有効だと思います。

家庭で行う英語教育なら、日本語も英語も同時に伸ばせます。**日本語で言えない内容は英語でも言えない**からです。

帰国子女やインターナショナルスクールに通っている子どもたちなら、初めから英語で単語を覚えられるかもしれませんが、ママとパパが日本人で海外経験がない家庭の子どもは日本語で英語を習い覚えます。

単純な話、英語の単語を覚えるには、日本語でその単語の意味合いを理解していないと無理なのです。

たとえば、「ratification（ラティフィケーション、批准）」という英単語を覚えるには、日本語で〝批准〟の意味を知らないといけません。英検準1級（大学中級程度）がクリアできている小学生は、英語でも日本語でも同じレベルの内容がわかっているのです。

実際、私の英語教室で親御さんにアンケートを取って聞いたところ、「英語力が伸びるにつれて国語力が伸びて成績もアップしてきた」という答えが圧倒的でした。

日本語の語彙力を高めて英語も伸ばすための必須アイテムは、辞書。

紙辞書、電子辞書、パソコンやスマホの辞書機能などを使いわけて、知らない単語のなかでもとくに気になるものを引いて覚えましょう。パソコンで英文を読んでいるときは、わからない単語を画面上で選んでキーボードをタップする（押す）だけで意味が表示されます。

幼いうちは、辞書を引くのに慣れていないため、時間がかかります。とくに難しい概念の単語は、親が引いたのち、わかりやすい日本語に直して伝えると、小さい子どももも理解できます。成長するにつれて自分で引き始めますから、ぜひ最初は噛み砕いた意味を説明してください。

こうして家庭教育で日本語と英語の語彙が増えれば、国語力も英語力も双方高まります。

まずはリーディング、ライティングから始める

――英語力は単語の蓄積で9割決まる

日本人は英語の読み（リーディング）、書き（ライティング）はできるのに、話す（スピーキング）、聞く（リスニング）が下手とされています。だから、幼児英語教室のCMでは、子どもたちが英語で話しているシーンを繰り返し流すのでしょう。でも、リーディングもライティングも日本人は大いに不得手です。日本の高校で使っている教科書は、英語が公用語の一つであるシンガポールの小学2年生レベル。

中学校から高校までの6年間の英語の授業で『ニューヨーク・タイムズ』の日曜版1日分の文字量しか読まないとされています。それで読み書きができると思ったら大

間違いです。

読む、書く、話す、聞くという英語の4技能のうち、家庭教育ではどこから始めるべきかというと、私はリーディングとライティングだと思います。理由は3つあります。

英語に限らず、言語には書き言葉と話し言葉があります。

話し言葉はその言葉が公用語として日常的に話されている場所に行かないとなかなか磨かれませんが、書き言葉のリーディングとライティングは**どこにいても練習できます**。

日本にいながらにして、英語の絵本を声に出して読んだり、英語の本の内容をサマライズ（要約）したり、それを基にエッセイ（小論文）を書いてみたりと、リーディングとライティングは自在に行えて上達が図れます。これが第1の理由です。

帰国子女にはスピーキングとリスニングでは負けるかもしれませんが、読み書きを勉強すればリーディングとライティングで引けをとることはないでしょう。スピーキングとリスニングが得意な帰国子女でも、リーディングとライティングが苦手な子どもはいっぱいいます。

そして大学入試でも、重んじられているのはリーディングとライティングです。これが第2の理由です。

第3の理由は、**リーディングとライティングを突き詰めれば、英語で話せるようになる**からです。私は帰国子女でもなく、英語圏で暮らした経験もありませんが、いまではサマー・イン・ジャパンの講師採用でハーバード生には試験と面接を課しています。それはリーディングとライティングによって言葉をたっぷり蓄積しているからに他なりません。

徹底したリーディングとライティングでなるべくたくさんの言葉をインプットしておけば、その組み合わせでいくらでも話せるようになります。**先立つものはインプット**。インプットがないとアウトプットはできないのです。

○毎週1本英作文を書いて暗記する、100本ノックで鍛えよ

次期学習指導要領では、高校卒業レベルまでに4000〜5000語の英単語を覚えることになっていますが、そのレベルのボキャブラリーではとても高度な会話はできません。

ましてや、文部科学省が期待しているように「社会的な問題や時事問題など幅広い話題について課題研究したことを発表・議論したりすることができる」ようになり、「外国語やその背景にある文化の多様性を尊重し、他者に配慮しながら、幅広い話題について情報や考えなどを外国語で的確に理解したり適切に伝え合ったりする能力を養う」のは不可能です。

最低でも8000〜1万語、できれば1万5000語ほどの英単語を覚えていないと、文科省が求める技能は発揮できませんし、言葉を組み合わせてリーディングとライティングをスピーキングにつなげることも難しいでしょう。

私が主宰する英語教室では、小学校に上がるまでの幼児はリーディングに留めますが、それ以降は毎週1本英作文を書いて、それを暗記して発表します。年間48本、2年間で計96本。野球でいうなら100本ノックです。

たとえば、幼児や小学1年生なら次のようなごく簡単な自己紹介から始めます。

「Let me introduce myself. My name is Mari. I'm 7 years old. I go to Oita elementary school. My favorite subject is Japanese, because I like writing stories in Japanese. Thanks for listening.（自己紹介させてください。私の名前はマリです。私は7歳です。大分小学校に通っています。好きな科目は国語です。なぜならお話を作るのが好きだからです。聞いてくれてありがとうございます）」

自己紹介が終わったら、次は友達を紹介する作文を書きます。

「Ken is one of my best friends. He has black hair and black eyes. He is good at football, so we often play it together after school. Thanks for listening.（ケンは私の親友の一人です。黒髪で黒い目をしています。彼はサッカーが上手で、放課後よく一緒にサッカーをして遊びます。聞いてくれてありがとう）」

リーディングとライティングでは、**細かい文法などに拘泥《こうでい》しない**ことが大切。かつてはスポーツで使う「play」という動詞には「the」という定冠詞は不要であり、楽器を演奏するという意味で使うときは「play the piano」のように「the」をつけるのが決まりとされていました。でも、現在ではどちらでもいいことになっています。

ですから、細かい点にこだわらないで、英語の読み書きに慣れることを優先させるのが正解です。

1日10分×平日5日で、中学英語は怖くない
――「絵本で7分＋英単語の暗記3分」を1セットで繰り返す

家庭で英語を教えるといっても体験がないと身構えてしまいます。

そこで私流の英語の家庭教育メソッドを公開したいと思います。正しい方法で時間をかければ誰でもマスターできます。

目標は小学校低学年までに中学3年分まで終えてしまうこと。「中学生レベルなんてとても無理！」と思わないでください。

世界で通用する英語に「中学3年レベルの英語」などというカテゴリーはありませ

ん。中学3年分の英語は大学入試にも不要なのでさっさと通過するに限ります。

1日10分×平日5日（または1日15分×4日）で週50分（または60分）だけ、子どもの隣に座ってサポートしましょう。英語を学ぶ習慣がついて楽しくなったら、そこから先は子ども一人で勝手に進めます。

私の英語教室の生徒さんたちも、ゼロから始めて小学2～4年生が英検準2級（高校中級程度）や2級（高校卒業程度）に続々と合格しています。

耳が鍛えられて英語に慣れますし、口が英語に慣れて舌や唇が動き始め、日本語にはない英語特有の音を作るのが得意になります。

幼児英語教室のグループレッスンでは、判で押したようにアルファベットと単語の書き取りが行われています。幼児のうちは握力も筆圧も弱いので、書き取りは苦手。なぜ書き取りをやらせるのかを幼児英語教室の講師たちに尋ねてみたところ、「グループレッスンではノートの書き取りをさせないと、私語がうるさくてとても授業にならない」という本音が聞かれました。子どものためではなく、教える側の事情で書き取りが行われているケースもあるのです。

アルファベットや単語の書き取りは一切不要。高学年になれば自然にできることに時間を浪費するのはやめましょう。

○アルファベットを一つひとつ教えなくても、読めて話せるようになる

リーディングの教材は絵本。音声データ付きの教材を選んでください。

絵本でも注釈や解説がついているタイプの方が一見学習効果は高いように思えますが、子どもたちは混乱します。それに絵本が作品ではなく問題集に思えてしまうので、英語を読むのが楽しくなくなります。絵本は絵とストーリー重視で子どもが純粋に楽しめるものをセレクトしてあげましょう。

声に出す英語の読み方には、**リピート、シャドーイング、オーバーラッピング**という3つの方法があります。

リピートは音声データの「I have a pen.」という読み上げを聞いたら、同じように「I have a pen.」とリピートします。

シャドーイングは音声データを一瞬遅れで続けて音マネするやり方。集中して聞か

ないと最初は思ったようにできませんが、それだけ真剣に聞くようになり、英語の上達が早まります。

最後のオーバーラッピングは、音声データを聞きながら、それに被《かぶ》せるように絵本などのテキストを読むやり方です。

いずれの場合でも最初は**意味を考えながら読んではダメ**。音の流れとして読むクセをつけさせてください。いちいち単語の意味を考えていたら読み取れないのです。最後のオーバーラッピングで初めて英語が読めて話せるようになります。

こうすればアルファベットを一つひとつ教えなくても、英語は読めて話せるようになるのです。日本語でも「あいうえお……」と書けないうちに話せるようになっています。英語も、それと同じです。

16〜20ページの絵本だとすると、チャプターごとに音声データを聞くだけなら3分。それにリピート、シャドーイング、オーバーラッピングを行っても1日6〜7分程度で終わります。絵がついているから子どもも覚えやすいのです。

絵本を暗記すると知らない間に英文が読めるようになります。でも、読めても意味がわかりませんから、絵本と並行して英単語を暗記します。単語がわからないと、英語はわからないので、そこは暗記するしかありません。

暗記するなら音声データがCDに収録されているか、またはダウンロードできるようになっている英検用の単語帳が便利。1冊1000円前後で買えます。

家庭での英語学習の最初の目標となるのは英検5級（中学初級程度）。単語数にして600語です。5級なら「apple（リンゴ）」とか「park（公園）」といったごくごく簡単な英単語ばかりですから、1個読むのにせいぜい2秒。1日20個ずつ覚えるとして、3回繰り返しても所要時間は2分ほどです。

土日はお休みしても1週間で100個ペース。600語は6週間でクリアできます。復習のためにこれを2サイクル繰り返して覚えたとしても12週間、つまり3か月で中学初級レベルまでの英単語が覚えられるのです。

次期学習指導要領では小学3年生から6年生まで4年かけて600〜700語を覚えるスケジュールですから、いかに非効率かわかります。

絵本で6〜7分＋英単語の暗記3分＝1日10分。その間、**ママかパパが隣にいて**

「読めてエラいね。覚えられてスゴいね」と徹底的に褒めてあげてください。そうすれば子どもはやる気になり、絵本も自分から進んで読むようになります。このやり方なら幼児英語や児童英語の塾に入れなくても家庭で英語教育の基礎が作れるのです。

並行して進めるのが子どもにとって大変そうだと感じたら、単語の暗記からスタートしてください。3か月で英検5級レベルの600語を暗記して自信をつけてから、「やったー！」とハイタッチして絵本を読むとスッと頭に入ってきます。

○テスト代わりに英検を活用しよう

絵本の次に文章を暗記するときにも頼りになるのは、英検の問題集。もちろん問題は解いてはダメ（153ページ参照）。問題集の答えがついていますから、問題文をその答えごと丸暗記します。丸暗記すれば、単語も文法も同時に身につきます。

平日1日10分かけたら、1冊が3か月前後で丸暗記できるはず。家庭教育ではテストは厳禁ですから、代わりに英検を受けてみるのも良いでしょう。

音楽の習い事に喩《たと》えるなら、英検は発表会やコンクールのようなもの。自分よりも年上のお兄さん、お姉さんたちに交じって受けて合格したら自信になります。たとえ落ちても、英検は年3回ありますから、そのうち合格できるでしょう。

第三者からの頑張りに対する客観的な評価という意味では一つのアワード（93ページ参照）になります。

英単語を覚えて、英文が読めて暗記できるようになったら書くための基礎はできます。本来なら大学受験に備えて高校生から準備するべきことが、この家庭教育メソッドなら小学生のうちに始められるのです。そのアドバンテージを有効に使ってください。

次の段階はライティングですが、英語でのライティングを家庭でやるのはハードルが少々高いので、まずは親が見本を見せて日本語で多くの本を読み、日本語のボキャブラリーを増やしましょう。

日本語のボキャブラリーが増えたら、それを英語に変換するだけなので英語のボキャブラリーも増えます。そしてテーマを決めて日本語で書く習慣をつけてみましょう。単語と同じく、それを英文に変換すれば英作文です。

その前に親御さんが英文のライティングスタイルと、将来大学入試やビジネスで必要になるロジカル英文の基本構造をわかりやすく教えてください。その点については次で詳しく語ります。

英作文はこの4パターンしかない！

――昔話『桃太郎』も4つのスタイルで書き分けができる

事実上の世界の共通言語である英語のライティングスタイルは、わずか4つに集約できます。早期にそれを教えれば、読み書きの能力が高まることは間違いありません。子どものうちに次の4つの違いと特徴を理解しておくと英文の読み書きが得意になります。

英文の4大ライティングスタイル

①**お話**（**ナラティブ**、Narrative）
②**説明**（**エクスポジトリー**、Expository）
③**描写**（**ディスクリプティブ**、Descriptive）
④**説得**（**パースエイシィブ**、Persuasive）

まったく同じことでも4つのライティングスタイルで記述することは可能。そこで、誰でも知っている昔話『桃太郎』を例に説明したいと思います。

①ナラティブはフィクション、またはノンフィクションのあらゆるお話。**伝説**、**神話**、**漫画**、**劇**、**自伝**、**伝記**などを含んでいます。

お話では、5W1H（いつ＝when、どこで＝where、誰が＝who、何を＝what、なぜ＝why、どのように＝howという6要素）、プロット、テーマを備えています。

そして必ず焦点となるクライマックス（climax）があり、クライマックスにいたるまでのいきさつを説明するライジング・アクション（rising action）、クライマックスの結末を語って物語を終息させるフォーリング・アクション（falling action）があります。

クライマックスまで読み手を飽きさせずにぐいぐい引き込むために、シークレットとサスペンスの要素が加味されています。そしてナラティブのタイトルはだいたい登場人物の名前かその人の心境になっています。

室町時代に生まれた『桃太郎』のオリジナル版は、ナラティブそのものです。

むかしむかし、あるところにおじいさんとおばあさんが住んでいました。ある日、おじいさんは山へ柴刈りに、おばあさんは川へ洗濯に出かけました。おばあさんが川で着物を洗っていると、どんぶらこ、どんぶらこと大きな桃が一つ流れてきました。

『桃太郎』では、桃太郎が鬼を退治するのがクライマックス。きび団子でイヌやキジやサルを従えるプロセスがライジング・アクションであり、鬼ケ島に鬼が隠していた財宝を持ち帰り、育ての親であるおじいさんとおばあさんにあげるのがフォーリング・アクションです。そこには桃から子どもが生まれるというシークレット、恐ろしい鬼をどうやって退治するかというサスペンスの要素も含まれています。

この骨子がわかっていれば、子どもたちにナラティブを書いてもらうのは簡単です。まずは「誰が出てくるお話なのかな？」と登場人物を決めてもらいます。「イヌとリスがいい」と子どもが決めたら、次に「じゃあ、イヌとリスはどこで出会ったの？」と舞台を設定。

そして「何が起こるの？」と聞いてクライマックスを先に決めてしまいます。「イヌとリスが公園で出会って友達になる」のがクライマックスだとしたら、どういうきっかけで友達になるかがライジング・アクションであり、友達になった後にどうなったかがフォーリング・アクションなのです。

②エクスポジトリーは、事実を客観的に説明する文章。**教科書、新聞記事、科学論文、自己紹介、料理レシピ、**後述する**ロジカル英文**などがこれに相当します。

エクスポジトリーはナラティブと違ってプロットと登場人物とクライマックスはありません。

序論（導入、introduction）、本論（サポート文、body）、結論（主張のリステート＝言い換えてもう一度提示する、conclusion）という3つのパーツからなります。

『桃太郎』をエクスポジトリー風にすると次のような記述になります。

私はこれから鬼退治のやり方を説明します。それには3つあります。（以上、序論）まずは鬼退治スペシャルチームを結成します。スペシャルチームはイヌ、キジ、サルというメンバーで構成しました。次に鬼に知られないように秘《ひそ》かに敵陣である鬼ケ島に潜入します。3つ目は鬼の寝込みを襲います。鬼を残らず退治したら、宝を奪って帰ります。（以上、本論）（以下、結論）このようにチーム結成、秘密裏に潜入、寝込みを襲うというのが私の鬼退治のやり方です。

クライマックスのない淡々とした記述であり、エクスポジトリーではこの例のように本論の部分を「それには3つあります」のようにナンバリングして説明します。

日本人は自己紹介が苦手で下手ですが、アメリカ人はどんな公立小学校でもエクスポジトリーを習っていますから、ちゃんと自己紹介ができます。

たとえば「私の趣味は縄跳びです。好きな理由は3つあります。一つ目は二重跳びを200回したいからです。二つ目は達成感があるからです。三つ目は持久力を鍛えてもっと長距離走を速く走りたいからです。みんなも一緒に縄跳びをしませんか？」と自己紹介ができるのです。

自己紹介はコミュニケーションの基本ですから、私の英語教室でもエクスポジトリーで自己紹介する練習をたくさんしています。100通りの自己紹介が英語でできるようになると、英語圏の人たちともスムーズに会話することができます。

③ディスクリプティブとは、人物、場所、ものなどを描写する文章。**旅行用のガイドブックやパンフレット**などで用いられるライティングスタイルです。

ディスクリプティブでは、まだ読み手がよく知らないか、あるいは体験していないことを説明します。ですから、まるでその人物に会ったり、その場所に行ったり、そのものに触れているかのように、五感（視覚、聴覚、触覚、嗅覚、味覚）に響くようにリアルにかつ細かく解説します。**テレビの食レポは一種のディスクリプティブ**です。

ディスクリプティブによる『桃太郎』は次のような内容になります。

鬼ケ島とは、鬼の要塞《ようさい》が築かれていたとされる島であり、日本各地に存在する伝説上の場所である。桃太郎伝承がある岡山県では、鬼のモデルになった温羅《うら》という大男が住んでいた鬼城山が古くから鬼ケ島に見立てられている。鬼城山は岡山県総社市にある標高397メートルほどの小山であり、山頂には鬼ノ城という山城跡がある。鬼ノ城は7世紀に大和朝廷が防衛のために築いたもの。城壁は土塁であり、基底部には敷石が残る。山頂に向かう道はゴツゴツして歩きにくく、土塁からは湿ったホコリっぽい土の匂いがする。その山頂からは晴天時には瀬戸内海が一望できる。（中略）以上が鬼ケ島の説明である。鉄器製作の鍛冶工房跡も見つかっており、さらに本格的な調査が行われれば、桃太郎伝承の謎を解く歴史的な発見も期待される。

ディスクリプティブもまた序論、本論、結論という3つのパーツから構成されます。序論では、何を記述するかというテーマを提示します。『桃太郎』の例なら、描写する対象は鬼ケ島であると明確化するのです。

本論に入るのは事実（ファクト）。標高397メートルほどの小山であり、山頂には鬼ノ城という山城跡があると概略を説明してから、それだけでは伝わらないディテールを五感に訴えるように記述します。「ゴツゴツして歩きにくい」のは触覚に訴えかけますし、「土塁からは湿ったホコリっぽい土の匂いがする」は嗅覚に訴えます。そして「その山頂からは晴天時には瀬戸内海が一望できる」という記述は視覚を刺激します。最後に結論で「以上が鬼ケ島の説明である」と文章を締めくくります。

最後の④パースエイシィブは、**新聞の社説、広告、ディベート、エッセイ、書評や映画評論**など。新しい学習指導要領で**国が高校生に身につけさせようとしている議論と交渉で必要とされるライティング**のテクニックです。

パースエイシィブでは、自分はこう思う、こういう立場に立つというポジションテイクを鮮明にしたうえで、その理由を、根拠を列挙しながら論理的に説明します。自分の立場をはっきりさせると敵を作ったり、間違った場所に立ったりするリスクもあり、横並びを好む同調圧力が強い日本人が何よりも苦手とする分野です。

『桃太郎』について福澤諭吉は、子どもたちに日々与えた教訓である『ひびのおしえ』に次のような内容の文章を残しています。これはパースエイシィブそのものです。

桃太郎が鬼ケ島に行ったのは財宝を奪うためであり、実にけしからん。財宝は鬼が大事にしまっていたものであり、持ち主は鬼である。その持ち主からさしたる理由もなく宝を奪うのは、盗人であり、悪人である。鬼が悪さをしていて、それを勇気を持って懲らしめたのは良いことかもしれないが、財宝を奪っておじいさん、おばあさんにあげたというならそれは強欲であり、大変卑劣な行為と言わざるを得ない。

パースエイシィブもやはり序論、本論、結論という3つのパーツからなります。

福澤の記述の序論では「桃太郎は善人ではない。悪人である」という主張の骨子を語ります。本論では、なぜ自分がそう思うのかという背景や根拠を参考文献も挙げながら解説します。福澤の文章を背景に桃太郎悪人説を唱えるなら、福澤の文章自体が参考文献の一つ。さらに鬼は外国人やよそ者を意味する比喩であり、よそ者に冷たい日本文化が鬼退治伝説を生んだという仮説を立てて参考文献とともに展開します。そして結論では「桃太郎は強欲であり、鬼退治は卑劣な行為である」と繰り返して終わりです。

パースエイシィブはビジネスパーソンにとっても大切なスキル。**商談もプレゼンテーションもパースエイシィブそのもの**です。アメリカの大統領選挙は陣営ごとにポジションテイクしますから、これもまたパースエイシィブに他なりません。

以上4つの英文のライティングスタイルを知っておくと、「これはナラティブだからクライマックスがあるな」とか「これはエクスポジトリーだから序論⇩本論⇩結論という流れがあるはずだ」とわかるので、英文の読解力が飛躍的に高まります。

ビジネスでも入試でも役立つロジカル英文の2ポイント
――「1パラグラフ、1アイデア」と逆三角形で構成する

大学入試、論文、エッセイ、ビジネスに必要な英語のようなロジカルな英文は基本的な構造が決まっています。

それは大きく分けて2つのルールがあります。日本人の多くはこのルールを知らないので、リーディングもライティングも下手なのです。

一つ目のルールは**「1パラグラフ、1アイデア」**であること。一つの段落（パラグラフ）には一つのアイデア（考え）しか入れないのです。

日本語では、一つの段落に複数の考えを入れ込んだり、同じ考えを複数の段落で展開したりしますが、ロジカル英文ではありえません。そんな英文を書くとネイティブから馬鹿扱いされる恐れがありますから、小さいときから「1パラグラフ、1アイデア」で書くクセをつけましょう。

英語では大事なメッセージは必ず現在形で書かれています。段落ごとに現在形の文章を拾ってつなげるとアイデアのサマリー（要約）になり、長文でも書き手がいちばん伝えたい内容の骨子がすっと頭に入ってきます。

二つ目のルールは**「序論（introduction）⇓本論（body）⇓結論（conclusion）」**という順番で書くこと。日本では「起承転結」と、もっとも伝えたい主題を最後に書きますが、それとは逆。序論⇓本論⇓結論が情報の重要度順に並んでいて、逆三角形を描いているイメージです。

この原則は書くときだけではなく、プレゼンテーションのようにロジカルに話すときも変わりません。196ページで軽く触れましたが、ここでは改めて序論⇒本論⇒結論でどのように英文を構成するかを詳しく解説したいと思います。

序論では、もっとも伝えたい主題（thesis）**を提示**します。**本論では、主題が正しいことを証明する根拠**（supporting idea）**を展開**します。そして**結論では主題を確認のためにもう一度繰り返し、根拠を再度述べてから最後にまとめます**。

主題のように英文では同じ言葉を何度も繰り返すのが効果的な場合とそうでない場合があります。トランプ大統領の選挙キャンペーンでは「Make America Great Again」というキャッチフレーズを何度も繰り返して、自らの政策を印象付けました。しかし、ロジカル英文では同じ言葉を言い換えるパラフレージングを行うと表現力が豊かになり、読み手の理解が深まるケースもあります。

この2つのルールに従って、ロジカル英文を5パラグラフ（5段落）で書く練習をしましょう。5パラグラフは英文の基本。この基本を学べば、2パラでも3パラでも自在に書けるようになります（大学入試レベルだと5パラは当たり前すぎて敬遠され

5パラグラフの構造

第1段落：序論
これから私はメッセージを伝えます
(I will say this.)

第2・第3・第4段落：本論
メッセージを伝えています
(I'm saying this.)

第5段落：結論
以上で私のメッセージを終えます
(I said this.)

ます)。

5パラグラフの構造は次のようになっています。

第1段落：序論

いきなり主題に入るのは唐突ですから、落語や漫才のように読み手の興味を惹くような**つかみ**（hook＝フック）を入れます。主題を述べたらつかみに呼応するトピックを登場させて、それを支える3つの根拠を簡単に述べます。最後に主題をもう一度繰り返して終わりです。主題を先に語っておくと、どこに焦点があるかが一目瞭然で理解度が上がります。

たとえば、**『給食でカレーが好きな理由』**という文章を書くとすると、序論は次のようになります（日本語ですが、英語に直せば英作文です）。

寒くなってくるとカレーのようにカラダを温める料理が恋しくなりますね（フック）。私は給食ではカレーが好きです。その根拠は3つあります。一つ目は私が寒がりだから。二つ目はスパイスで食欲が増すから。そして三つ目は夏休みの思い出があるからです。以上の理由で私は給食ではカレーが好きです。

第2・第3・第4段落：本論

本論では、もっとも伝えたい主題がいかに正しいかを証明するために、1段落に一つずつ根拠を語ります。根拠は3つくらいあった方が説得力が増しますし、より強力なものから順番に並べて読み手を納得させます。統計や他の論文、専門家の意見なども取り入れます。カレーの例文は、5パラグラフでは次のように展開できます。

カレーが好きな理由は私が寒がりだからです。カレーに含まれているカプサイシンという成分には代謝を上げてカラダを温める効果があると言われています。カレーを食べると汗をかきますよね？　それはカプサイシンの働きなのです。

二つ目の理由はスパイスで食欲が増すからです。私は背が低いのでもっと大きくなりたいと思っています。大きくなるためには、もっとたくさん食べて運動するのが良いと保健体育の先生が教えてくれました。カレーに使われているクミンやコリアンダーといったスパイスには食欲増進効果があるそうです。

三つ目の理由は夏休みの思い出があるからです。小学3年生の夏休みに家族で海辺へキャンプに出かけて、初めてカレーを自分で作りました。海を眺めながらみんなで食べるカレーは格別美味しかったのを覚えています。カレーに入れるジャガイモはメークインの方が煮くずれしなくてカレーのような煮込み料理には向いているそうですが、キャンプ地の周囲のスーパーには男爵イモしかありませんでした。だから男爵イモを使いましたが、男爵イモが煮くずれてトロトロになったカレーも私は美味しいと思いました。

初めのうちは、根拠はいちばん強力なもの一つだけでもOK。その場合は5パラグラフではなく3パラグラフの文章になります。

第5段落：結論

もっとも伝えたい主題を繰り返します。3つの根拠をおさらいし、最後にまとめて終わります。カレーの例文の結論は次の通りです。

私は給食ではカレーが好きです。第1の理由は、カレーの成分は冷え性の私のカラダをポカポカにしてくれるからです。第2の理由は、もっと食べて身長を伸ばしてカラダを大きくしたい私の食欲を刺激してくれるからです。第3の理由は、夏休みのキャンプで美味しくカレーを食べた思い出があるからです。以上の理由で私はカレーが好きです。料理は舌だけではなく心にも記憶されます。皆さんも一度キャンプで料理を作って、美味しい記憶を胸に刻んでみてください。

もっと書きたいことがあったら、パラグラフをどんどん増やせばいいだけ。子どもでも長文がスラスラ書けるようになります。

1冊の本はこのパラグラフが発展したものであり、1冊の本には作者が言いたい1個のテーマが書いてあると子どもたちに教えると、「え〜、そうなの！」と感激します。そして自分が書いているものも膨らませると1冊の本になると思うと英語のライティングにも熱が入ります。

カレーの話は私の創作ですが、このようにライティングでは必ずしも真実を書く必要はありません（さすがに自己紹介でウソをつくのは良くないですが……）。想像力を膨らませて自由に書いていいと教えると、子どもたちは大喜びでライティングに励みます。

日本では教育を真面目に捉えすぎ。自己表現はもっと自由な方が良いと思います。

入試のエッセイ＝随筆は大間違い
――これまで伸ばしてきた得意や体験を凝縮して文章に

アメリカの大学入試で重視されるのはエッセイ。日本の大学入試でも推薦枠やＡＯ入試では小論文が出題されますし、次期学習指導要領に準拠する**2020年以降の大学二次試験（個別試験）ではますますエッセイが重要視される**でしょう。

エッセイを辞書で引くと、「自由な形式で気軽に自分の意見などを述べた散文。随筆、随想」と「ある特定の主題に対する試論、小論」という2つの意味があります。

エッセイと聞いて日本人の多くが頭に思い浮かべるのは前者であり、エッセイは「随筆」と訳されるケースが大半です。しかし大学入試で必要になるのは後者。**随筆とは似ても似つかぬもの**です。

エッセイが重んじられるのは、知識や理解力だけではなく、その人ならではのオリジナリティと創造力、それを伝える表現力などが総合的に表われるから。学校やテストの成績ではわからない人となりを判断する貴重な材料を提供します。ある人が書くエッセイは、その人の意見やこれまでの体験が凝縮して反映されているのです。

自分が合格するように試験審査員を説得するという意味で、エッセイはパースエイシィブですが、自らの体験をありありと説明するにはエクスポジトリーとディスクリプティブが欠かせませんし、読み手を引き込むためにはナラティブの要素が必要になることもあります。

要するにエッセイとは、ナラティブ、エクスポジトリー、ディスクリプティブ、パースエイシィブという4つのライティングスタイルを集約したものなのです。

○ハーバード合格者のエッセイの7テーマ

ハーバード大学の合格者のエッセイを分析した1冊の本があります。The Harvard Crimson『50 Successful Harvard Application Essays』（ST. MARTIN's GRIFFIN）です。

編集しているのは、当時現役のハーバード生だった、ハーバード大学の著名な学生新聞である『ハーバード・クリムゾン』の編集者たち（クリムゾン＝深紅色はハーバードのスクールカラーです)。

ハーバード・クリムゾンは、ジョン・F・ケネディやフランクリン・D・ルーズベルトといった大統領経験者、元マイクロソフトCEOのスティーブ・バルマーといったエグゼクティブや著名なジャーナリストも編集に関わった全米最古の学生新聞であり、その分析は日本でエッセイを書くときにも大いに参考になります。

彼らの分析によると、エッセイのテーマとしては次のような7つがあります。すなわち**①アイデンティティ(自分とは何者か)、②自らを探求する、③逆境に打ち勝つ、④海外体験、⑤パッション(情熱を持って何かに打ち込む)、⑥インスピレーション、⑦(海外体験以外の)体験**です。

具体的には、音楽コンクール、スポーツ大会、病気をした話、ケガをした話、自分の興味の対象、クラス委員になった話、海外に行った話、両親の国籍や多様性の話などがエッセイのテーマ。

これは5教科の勉強に日々明け暮れるだけでは書けないものばかり。語学を深く学び、芸術やスポーツなどの得意を伸ばし、ボランティア活動や海外旅行やインターンシップなどを体験することが欠かせません。

ハーバード・クリムゾンのスタッフはライティングの専門家ですから、合格者のエッセイに対する分析も的確です。

音楽コンクールについて書いたエッセイを取り上げたページでは、「単に難しいコンクールで優勝した話を書いてもおそらく落ちるだろう。コンクールへの果敢なチャレンジを通して、自らがどのような人間なのかを語るべきである」と分析しています。

また、不治の病に冒された学生が書いたエッセイに関するコメントは「病気の程度や大きさは合否に影響を及ぼさない。病を得てそれを克服するプロセスでどういう人間性が形成されたかを記述しているから、合格したのだ」とあります。

◯自分にしかわからないことを五感を使って表現する

大学入試のエッセイでは、まず、スペルや文法のミスはわずかでも許されません。自分の目で何度もチェックするのが不可欠です。

良いエッセイの書き方にオンリーワンの正解はありませんが、ニセモノとホンモノの違いは明白です。同じテーマを扱ったエッセイでも、読み慣れた試験官にはその差は歴然です。ホンモノには、ニセモノにはない次の要素が含まれているからです。

・選んだテーマに、心からの深いパッションを抱いて臨んでいるとわかる書き方をしている
・自分にしかわからない事実、自分にしか書けないディテールや感情を、五感を使ってフルに表現している
・事を大げさに語るのではなく、事が自分に与えた影響を冷静に分析、自分にとってそれはどこがどうすごいのかをエビデンスとサポートを用いて語っている

一方、ニセモノは、こうです。

・一般論になりがち

・事を大げさに描写するだけになりがち
・クリシェと言われる、いわゆる紋切り型の言い回しを使いがち
・エッセイを他人に読んでもらいすぎて、人の意見に左右されがち

ライティングは練習あるのみ。**巻末にスタンフォード大学とハーバード大学の学生2名のエッセイを収録**しました。家庭教育をテーマに、リラックスしたエッセイを書いてもらったもので、入試用ではありませんが、ぜひご覧ください。

英語はペラペラにならなくていい!?
――留学なしでも、ライティングの延長で必ず話せるようになる

英語ペラペラ＝英語ができると誤解している日本人が多いようですが、英語がペラペラと流暢《りゅうちょう》に話せるからといって英語ができるとは必ずしも言えません。

英語圏からの帰国子女で英語はスラングも交えながら流暢に話せるのに、リーディングもライティングも不得意な人は大勢います。

でも、すでに触れたようにリーディングとライティングがしっかりできて、英単語のボキャブラリーが豊富なら、ライティングの延長線上できちんと話せるようになるのです。

○留学は事前準備が9割

英語が話せるようになるにはイマージョン・プログラムが有効だといわれています。英語が話されている環境に飛び込んで学び、英語に浸り切った状態（イマージョン）でしばらく過ごしてスピーキングの習得を目論《もくろ》むのです。

語学留学や交換留学はイマージョン・プログラムの典型的な手段です。中国やインドや韓国といったアジア諸国では海外留学生の数が右肩上がりで増え続けていますが、日本人学生の海外留学は横ばいか下降傾向にあります。グローバル人材を育てたい国は留学を後押ししています。

日本から海外の大学を受験して合格したとしても、4年間を現地で過ごすのはやはりハードルが高いでしょう。

そこで、「トビタテ!留学JAPAN」といった官民協働海外留学支援制度を使って数週間から2年ほどの短期間を海外の学校で過ごす高校生や大学生、大学院生が増えています。さらに、大学も独自の協定校を海外に持ち、交換留学を支援しています。

もっとカジュアルに、フィリピンやマレーシアに短期間出かけて、英会話学校に通うなど、一昔前よりも海外留学はぐんと身近になりました。

一般的に、現地に行けば、リスニングは3日、スピーキングは3週間、文化は3か月で慣れる、といいます（ただ、あくまでも慣れるだけで流暢になるわけではありません）。

慣れただけで終わらせないよう、留学という語学学習のチャンスを最大限に活かすには、事前準備が最重要です。日本にいるうちに、

・留学して追求したい課題を決めて、リストアップする

・そのために必要なリーディングをある程度こなす
・リーディングができるとライティングのコツがわかるようになる
・単語暗記は必ずやっておく

この4つを押さえておけば、日本の大学生がよく利用する交換留学も実りあるものになるでしょう。

よくあるのは、現地でスピーキングができるようになったら、リーディングもライティングもできるようになると勘違いしてしまうこと。イマージョンで上達するのは「聞く・話す」で、「読む・書く」は別の技です。

「聞く・話す」のスキルを磨いてできるようになったのは、パーティーで盛り上がることだけ、なんて結果に終わったら本末転倒。

日本でリーディングとライティングをしっかり学び、ボキャブラリーを増やしてから留学する方がずっと効果的で有益だと思います。それを基礎にして、現地の学生や先生とたくさんディスカッションをしてください。

○聞き取る力の向上にはリスニングデータが有効

スピーキングはともかく、リスニングにはそれなりの慣れが必要です。

娘もハーバード大学に入学して1年目は、友達が話しているコンテキスト（内容）がわからなかったそうです。

文化的な背景が異なり、観ているテレビ番組や映画からして違いますから、知らない固有名詞とそれにまつわる文脈を早口で話されると、会話についていけないのもムリはありません。

大学の講義はロジカルな英語で話しますから理解できたそうですが、友達の会話についていけるようになったのはアメリカ文化社会の背景への理解が進んだ2年目以降だったそうです。

講義やビジネスの会話はフォーマルなものですから、リーディング&ライティング力があれば聞き取って会話が成り立ちます。でも、友達との会話はインフォーマルで論理的ではありませんから、聞き取るのは大変です。

私はアメリカで英語が聞き取れない店があります。原因は、その店のポイントカードの名前が聞き取れないためです。何度通っても聞き取れません。レジ係が「○○カードの会員ですか？　会員になりますか？」と言うのですが、一生懸命聞き取ろうとすればするほど、一つの単語がわからないだけでドミノ倒しのように全体がわからなくなります。

「もっとゆっくり話して！」と頼めば済む問題なのかもしれませんが、「英語が聞き取れない！」と落ち込んでいるので、聞き返す気力もありません。固有名詞は要注意です。わからなくても当たり前と開き直りましょう。

日本で聞き取る力を高めるにはリスニングデータが有効です。ビジネス英語やニュース英語などあらゆる種類の英語をとにかく多く聞くのです。**海外ドラマを観る**のもいいと思います。日常生活に関連する固有名詞やスラングが頻繁に出てくる海外ドラマなら、実践的な聞き取る力を身につけることができるでしょう。

論理国語を学び、ロジカル英文につなげる
――子どもに「ゲームがしたい」理由を論理的に説明させてみる

次期学習指導要領では、高校の国語の選択科目として「論理国語（仮称）」が加わる予定です。

国語ワーキンググループにおける取りまとめ（案）では、論理国語とは「多様な文章等を多角的・多面的な視点から理解し、創造的に思考して自分の考えを形成し、論理的に表現する能力を育成する科目」となっています。

小説や随筆などは「文学国語（仮称）」と呼ばれる選択科目で扱い、「小説、随筆、詩歌、脚本等に描かれた人物の心情や情景等を読み味わい、表現の仕方等を評価するとともに、それらの創作に関わる能力を育成する」となっています。

私の見立てでは、論理国語はロジカル英文の日本語版。序論⇩本論⇩結論といった決まった構造を持つロジカル英文を換骨奪胎したものに他なりません。

〝あ・うん〟の呼吸で話が通じるハイ・コンテクスト社会に慣れ親しんだ日本人の多

くは話し言葉でも書き言葉でも論理的な説明が苦手であり、それが外国人とのコミュニケーションの障害となり、ディベート下手、交渉下手の大きな要因となっています。論理国語はその弱点をカバーしようという試みなのでしょう。**論理国語を身につけておけば、それを英語に置き換えるだけでロジカル英文になります。**

論理国語の参考書はすでに数多く出版されていますが、それらを読まなくても家庭学習で論理国語は身につきます。主題を先に述べて、具体的な根拠や理由を優先度の高いものから順番に列挙するという序論⇒本論⇒結論の逆三角形を意識して話したり、書いたりするクセを子どもにつけさせればいいのです。

たとえば、子どもが「ママ、ゲームがしたい」と言ったら、「じゃあ、なぜゲームがしたいか、ママに説明してごらん」と促します。そして「僕はゲームがしたい。理由は2つあります。一つ目は、昨日もう少しでクリアしそうな場面で終わり、それをクリアしないと気分が落ち着かないからです。二つ目は、ゲームですっきり気分転換をしたら、英語を勉強する気になれるからです。以上、2つの理由で僕はゲームがしたいです」と説明してもらうのです。

これはディベート術、交渉術そのもの。このように日常生活でロジカル英文的に話すクセをつけておけば、論理国語にも役立ちます。

それに加えて文学国語的な言語力があれば鬼に金棒。**並行して日本文学にも親しみ、語彙力や表現力を伸ばすと根拠や理由の説得力&説明力が上がり、ディベート術や交渉術の能力も高まります。**

日本語でできないことは英語でもできません。これが英語を学ぶときの大前提です。ロジカル英文の構造を知っても、日頃から論理国語的な日本語を使っていなかったら、ロジカル英文の読み書きは難しいでしょう。

○ハーバード生の論理力を鍛えた家庭での習慣とは？

論理国語、ロジカル英文の力を伸ばしたいと思ったら、家庭で社会情勢や世界情勢などをテーマとしてコミュニケーションをしておくべき。ハーバード生に聞いてみても、「子どもの頃から、家庭でよくディスカッションをしていた」といいます。

平日は基礎的なリーディングと英単語の暗記といったインプットに励み、週末はディスカッションでアウトプットする機会を作ってあげてください。これは次期学習指導要領が重視するアクティブ・ラーニングそのものです。

たとえば、**週末の夕飯時など、家族でトークする**タイミングを決めます。テーマは、トランプ大統領でも地球温暖化でも何でも構いません。新聞やインターネットの記事などに目を通しておけば、お題はいくらでも見つかります。

ポイントは、ママとパパがお互いの意見を披露してから、**「あなたはどう思うの?」と子どもにできるだけたくさん話させる**こと。

トランプ大統領がネタなら、ママが反トランプ派、パパがトランプ派になり、メキシコとの国境線に壁を作ることの是非についてディスカッションします。

子どもを会話に導くためのものですから、ママとパパが両方反トランプ派、もしくはトランプ派でも、便宜上対立している演技をしてください。

反トランプ派のママが「私はメキシコとの国境線に壁を作るのは間違っていると思う。その根拠は3つあります」と論理国語で論陣を張ったら、次にトランプ派のパパが「僕はメキシコとの国境線に壁を作るのに賛成。その理由は3つあります」とやはり論理国語で優しく反論します。そのうえで子どもにも、序論⇓本論⇓結論と順序立てて論理国語で話してもらうのです。

ディスカッションを意義深いものにするには、下調べは不可欠。トランプ大統領の話題なら、アメリカの共和党と民主党の政策の違い、アメリカとメキシコとの関係などについて知識が必要です。

そこで前の週に家族で先にお題を決めて「1週間考えてみようね」と子どもにも自分で調べさせてください。

週1回のトークは家族円満の源であり、手軽なアクティブ・ラーニング。それが論理国語とロジカル英文の能力を伸ばすきっかけになります。

わが子を究極のトランスナショナル人材に育てる

――場所に縛られず、自分の得意で生き抜く力をつける

グローバル社会で今後求められる究極の人材はインターナショナルではなく、トランスナショナル。そこを語学教育と子育ての目標にしてください。

これから紹介するのは、元グーグル本社副社長の村上憲郎さんが提唱しているグローバル人材の基準。村上さんはグローバル人材を次の3つにレベル分けしています。

①**インターナショナル人材**：会社から突然海外出張を命じられても、翌日平然と出張してミッションをきちんとこなせる人材。

②**マルチナショナル人材**：海外現地法人に転勤して、家族とともに現地で暮らせる人材。その国の就労ビザを取得し、所得税を現地で収める生活をする人たち。

③**トランスナショナル人材**：小学校、中学校、高校、大学、就職、起業など人生の各段階を過ごすうえで、ステージごとに最適な場所で人生を歩んでいる国家や国籍と

いう概念にとらわれない人材。

このうち照準を合わせるべきなのは、グローバル人材の完成形ともいうべきトランスナショナル人材です。

場所に縛られず、自分の好きなことをやって人生を謳歌《おうか》できるのですから、トランスナショナル人材に育ってくれたら素敵だと思いませんか？

トランスナショナル人材は世界中から引く手あまたなので、アメリカでもヨーロッパでもシンガポールでも、自分の好みに合ってコストも安い大学が選び放題。雲の上の存在に思えますが、次期学習指導要領が求めている理想像もトランスナショナル人材です。

トランスナショナル人材への第一歩となるのは外国語の習得。とくにグローバル社会の共通語である英語なのです。

サマー・イン・ジャパンでボランティア講師を務めてくれるハーバード生も最低2か国語、多い人では8か国語が話せます。

ただ話せるだけではなく、言語は文化を内包していますから、多様な文化と価値観を理解したうえで良好なコミュニケーションが交わせるようになっているのです。

さらに子どもの頃から自分の得意があって、社会に貢献できる能力を身につけていれば、どこの国でも好きな土地で暮らせるようになります。そんなトランスナショナル人材に子どもを育ててあげてください。

目指すならバイリンガルよりマルチリンガル

――一つ外国語を学べば、二つ目はもっと簡単になる

新しい自分に出会えるのも外国語を学ぶメリットの一つです。

赤ちゃんは生まれた瞬間、ママとパパという家族のなかに無防備で投げ出されます。

家族は社会を構成する最小単位で、その社会ではある決まった言葉が使われています。

それを母国語として学んで子どもたちは育っていくのです。

見方を変えると母国語は子どもが自ら選択した言語ではなく、与えられた言語です。しかも社会の規範、文化、習慣、タブーなどをすべて内包しています。

子どもは否応なくかつ無意識に、言語とともにそうした社会の常識の枠組みのなかで人間形成をします。

母国語以外に新たに学ぶ外国語には、母国とは違った社会の規範、文化、習慣、タブーなどがパックされています。外国語の習得を通し、生まれてからずっと当たり前だと思っていた常識から抜け出して新しい価値観ができるので、新しい自分に出会えるのです。

いま住み暮らしている社会の価値観を疑って、新しい価値観を見出《みいだ》すという体験は、常識にとらわれない自由な発想ができる創造性を育ててくれます。**早めに外国語教育を行えば、子どもたちはそれだけ早く自由な人間になれる**のです。それもまたトランスナショナル人材の大きな利点です。

トランスナショナル人材のなかには複数の外国語を話し操れる者も大勢いますが、「英語だけでも骨が折れるのに第2外国語までとても手が回らない」と諦めないでください。

外国語を一つ習得した成功体験があると、母国語以外の言葉を学ぶというハードルが下がり、学習に前向きになれます。

しかも、リーディングとライティングから入り、単語と文章を暗記してスピーキングとリスニングを伸ばすという手順はまったく同じなので、**二つ目の外国語を学ぶのは一つ目よりも簡単**なのです。

日本語や韓国語は周囲に似た言語がない孤立した言葉（isolated language）ですが、フランス語、イタリア語、スペイン語のように**起源が似ている言語はどれかを覚えると連鎖的に他言語もマスターしやすくなります**。私は英語以外にフランス語もできますが、真剣に勉強していないイタリア語もなんとなくわかります。

子どもが英語を習得したら、バイリンガルではなくマルチリンガルに育つ可能性があります。

自分の魅力で世界を動かせる、あなたのお子さんがそんな肉食系コミュニケーションのできる人材に育つようあたたかく見守ってください。

中断が最高のレッスン

ウッディ・ワン（スタンフォード大学）

Since a young age, my mother has encouraged me to pursue academic subjects that I genuinely enjoyed. As a child, before the complexity of grades and intense schooling, my mom taught me to look for patterns in the real world, like noticing the number of tall buildings while driving on the highway, or trying to read different billboards to learn new words. With these nuanced, simple techniques of sparking my curiosity, my mother helped me develop a passion for learning, which can be encouraged, but not necessarily forced. As a young child, before the burden of winning awards at competitions, I was taught basic piano technique by my mother. At the time, I did not necessarily fully appreciate her efforts, but now I realize the extent of her love for me. My mother was never musically trained, let alone classically trained at piano, yet she made every effort to teach herself piano and translate those teachings to me. Every Sunday afternoon, my mom would sit down at the piano with me for an hour to help me press down those familiar black and white keys to make music. With her incredible, unparalleled

patience, I had my first true encounter with a musical instrument, which would eventually lead to my passion for the violin. With my mother's help, I fell in love with music and was inspired to view music as an artistic pursuit, rather than simply a competitive element of my life.

In the 7th grade, I temporarily felt disconnected from music and my violin. I still loved the arts, but the daily routine of practicing began to feel monotonous, and I gradually stopped practicing for my weekly violin lessons. Music felt habitual: practice, eat, drive to my violin lesson, and repeat. My mother, noticing my lack of enthusiasm, decided to stop taking me to violin lessons. After all, we would have to drive four hours round-trip each week for lessons. If I did not appreciate the gift of music, my mom deemed the lessons unnecessary. Admittedly, in the moment, I felt relieved. The burden of practicing and performing at a competitive level was lifted from my shoulders. In my brief break from violin, however, I had time to self-reflect on the true meaning of music in my life. At first, I thought my mother halted my violin lessons as a punishment, but as the days dragged on, I began to feel the void of music in my life, and I realized my mom was simply trying to show me the intrinsic beauty of music. I had taken music for granted, rather than appreciating its positive impact on my life. I discovered that music is not about the weekly lessons or practicing, but about the gift of sharing art with humanity. Music is meant to be shared, and

with my mom's help, I found my love for music again. After a few weeks, I missed violin and music. I did not necessarily miss the routine of practicing, but I missed the artistic aura violin brought to my life. So, to my mother's surprise, one morning I decided to play violin again—not just practice the violin—but actually play the violin to create heartfelt music. Since then, I have found practicing not to be an burden on my life, but an opportunity to augment my skills as a musician and portray my creativity as an artist. My brief recess from violin was not a setback, but perhaps the greatest lesson I have learned so far from my musical endeavors.

（日本語訳）

幼い頃から私が好きな勉強に専念できているのは、母の励ましがあるからです。授業や成績といった仰々しい生活が始まる前の、小さかった私に母は日常生活のちょっとしたアイデアでいろいろなことを教えてくれました。たとえば、高速道路を走行中に見える高いビルの数を数える、看板を次々と読んで新しい単語を覚える、といった工夫です。母は、私の好奇心を刺激し、学習意欲を高めてくれることはあっても、決して強制することはありませんでした。

コンクールのプレッシャーなどまだない幼少期に、私は母からピアノを習いました。当時は、そんな母のありがたみを感じなかった私ですが、いまでは、母の愛の深さがよくわかります。母は音楽の勉強を専門的にしたこともなければ、クラシックピアノなど習ったこともないのです。私に教えるために独学でピアノを学んだのです。日曜の午後はいつも、1時間ほど母は私の隣で、白鍵と黒

鍵で音楽を奏でる私に付き添ってくれました。ありえないほど忍耐強く私に寄り添ってくれた母のおかげで、私はピアノという楽器に出会い、そこからさらに発展してバイオリンが大好きになったのです。母のサポートで、私は音楽が好きになり、人と競い合う手段としてではなく純粋に芸術として音楽を追求するようになったのです。

中1の頃、音楽ともバイオリンともしばらく離れていたことがありました。芸術としての音楽は好きだけれども、毎日の練習は単調に思えて、毎週あるレッスンに向けた練習をしなくなっていきました。練習して、食事して、車でレッスンに出かけて、この繰り返しです。音楽が習慣化してしまっていたのです。母は、そんな私のやる気のなさを見抜いて、私をレッスンに連れていくのをやめました。なにしろ、往復4時間かけて毎週レッスンに通っていたのですから、音楽という贈り物に価値を見出さないのならレッスンは不要だ、と母が思っても無理はありません。実は、そのとき私はホッとしました。練習してコンクールで勝つという重荷から解放されたのですから。ですが、バイオリンから離れている間に、自分の人生における音楽の真の意味を考える時間がありました。最初、母がバイオリンレッスンをやめさせたのは「罰」だと思っていました。時間が経つにつれ、音楽のない空虚感に襲われ、そこで私は気づいたのです。母は私に、音楽そのものの美しさを示したかっただけなのだ、と。私は音楽が自分の人生にいかに大切かをわかろうとせず、音楽は自分のそばにあって当然のものだと思っていたのです。音楽とは、練習やレッスンのことではなく、人類みなで分かち合う、ありがたい恩恵であり芸術なのだと悟りました。音楽は分かち合うもの、そうです、私は再び母のおかげで音楽へ

の愛を取り戻したのです。やめて数週間が経ち、私はバイオリンも音楽もとても恋しくなりました。練習が恋しくなったとはいえませんが、芸術的な輝きのなくなった私の暮らしに寂しさを感じてきたのです。母が驚いたことに、ある朝、私はバイオリンを再開すると決めました。今度は、練習するだけではありません、心に響く音楽を創造するためにバイオリンを「奏でる」のです。それ以来、私はバイオリンの練習を重荷とは感じていません、むしろ私の音楽家としてのスキルを向上させてくれる、また、アーチストとしての創造性を引き出してくれる機会だと思っています。バイオリンから離れていた短い期間は、決して挫折ではなく、私にとってこれまででいちばんのレッスンだったのです。

僕が後悔するたった一つのこと

ロジャー・ゾウ（ハーバード大学）

There's a slight tinge of annoyance I feel when I'm chatting with my friends and they suddenly switch over to a foreign language I can't understand. It's not malicious; usually they want to describe something whose English name they don't know or remember. While they do, all I can do is smile and nod until they cue me back in. But sometimes they don't and I have to ask, drawing puzzled stares. And then there's a flicker of recognition; despite being Chinese, Roger doesn't understand Chinese.

When I was in middle school, my parents assigned me to take Chinese school classes during the weekends. The classes were conveniently located in my middle school classrooms despite not being official programs. There were only 5 or so classes with around 20 students each. We would practice pronunciation, tones, having conversations in Chinese, and memorizing/writing characters (similar to kanji in Japanese). My Chinese parents naturally took it upon themselves to help. They were fluent speakers and would sometimes stay up "late" to help me with enunciation. It was

a heartfelt sacrifice of their only free time. Instead of decompressing with TV, they stayed with me. I usually don't believe it's good practice to help your children too much with their homework. However, I can't deny it made me happy to know they cared and that they would make themselves available for me.

Even with their help, learning a language was an extremely difficult endeavor. It required a massive investment of time and concentration. Frankly speaking, in middle school I didn't want to learn Chinese. I only wanted to play more video games. My parents were invested, but only partially; we rarely spoke Chinese together outside the context of Chinese school homework. I spoke no Chinese with my brother. English was the language of my future, and Chinese was the language of my culture. English was the language of their future too, and I often found myself correcting my parents' English.

I vividly remember the May day I convinced my parents. Moping around over dinner, complaining of the timesink and difficulty after a brutal test that demoralized my efforts, I made my unhappiness with Chinese school self-evident. Couldn't I spend my time better on homework, or violin practice, or swimming, or reading, or socializing? Besides, I could take Chinese as a language at my middle school and high school.

In that day, I learned how considerate my parents

could be of my feelings. I didn't return to Chinese school the next semester. The middle school and high school classes were unhelpful in terms of learning. I still can't speak or read Chinese fluently.

Over my K-12 years, I took up and then quit many activities. violin (grades K-9), trumpet (grades 6-8), swimming (grades 6-8), soccer (grades 4-6), cross country (grade 10), speech and debate (grades 6-10), and math counts (grades 6-7). My parents always pushed or presented me with these great opportunities, but they also let me have the final say on continuing them. Their flexibility let me choose to focus on what made me happy. But languages, I feel, are perhaps the one exception I wish I had made. Not finishing my learning of Chinese remains one of my greatest regrets and among what I most wish I had learned with my parents.

（日本語訳）

友人と話していて、彼らが突然僕の知らない外国語に切り替えると、すこしいやな感じがする。たいてい英語でなんと言っていいかわからないとか英語が出てこないだけで、悪気があるわけではないが、彼らが英語で話し出すまで僕はただ笑ってうなずくしかない。たまに僕のことを無視して話を進めるので、「ちょっとわかんないんだけど」と英語で話しかけることになる。そうするとみんな一瞬、「ロジャーは中国人だけど中国語はわからない」という少し当惑したような視線をなげかけてくる。

中学生の頃、両親は僕を週末だけ中国語学校のクラスに参加さ

せた。ちょうどいいことにクラスは僕の通っていた中学校の教室で行われていたが、正式なプログラムではなかった。20名ほどの人数のクラスが５つかそこらあり、発音や声調、中国語会話や日本語に似た中国語の漢字を習った。両親は中国語を話せるので、自然と僕の勉強を手伝い、自分の自由時間を割いて、発音の指導に夜遅くまで付き合ってくれた。テレビを観る時間を僕の勉強の時間に充ててくれた。基本的に子どもの宿題を親が手伝いすぎることをいいとは思わないが、僕のことを思って僕に付き合ってくれたことは嬉しかった。

両親の助けがあっても語学を学ぶのはとても難しいことだった。語学の勉強には多くの時間と集中力を要するうえに、正直そのときの僕は中国語を習いたいとは思っていなかった。もっとゲームがしたかった。両親も協力してはくれたが、中国語学校の宿題以外で中国語を話すことはほとんどなかったし、弟とは一切中国語で話すことはなかった。英語は僕にとって未来を象徴する言葉で、中国語は僕のルーツを象徴する言葉だ。両親にとっても英語は将来に必要なもので、ときどき両親の英語の間違いを正すこともある。

5月のある日、両親を説得したときのことはいまでも昨日のことのように思い出せる。ひどい結果に終わったテストの後やる気をなくし、夕食の間中ずっと暗い気分で時間の無駄だったとか難しすぎたとか不満をぶつけ、中国語学校は嫌いだとはっきり言った。中国語学校の無駄な時間は、学校の宿題とか、バイオリンの練習とか、水泳とか、読書とか、友達との交流とか、もっと有意義なことに使える。そして、中国語は中学校や高校の言語科目として取ればいい。

このとき、両親が僕の気持ちをどれほど尊重してくれているか

わかった。僕は次の学期には中国語学校には通わなかった。中学校や高校の中国語の授業は語学を習得できるほどのものではなかったので、僕はいまでも中国語を流暢に話せないし、読めない。小中高の12年間で僕はいろいろな習い事をさせてもらった。バイオリン（中3）、トランペット（小6から中2）、水泳（小6から中2）、サッカー（小4から小6）、クロスカントリー（高1）、ディベート（小6から高1）、そして数学コンテスト（小6から中1）。両親はいつもさまざまなことに挑戦する機会を与えてくれたが、それを続けるかどうかは僕の判断に任せてくれた。こういった両親の姿勢のおかげで、僕はいつでも好きなことだけをできた。ただし、語学は唯一の例外だ。中国語は結局習得できなかったので、あのとき両親と頑張ってやればよかったと後悔していることの一つだ。

子育て読書リスト30冊

1〜10　基本編

ピエール・ブルデュー『ディスタンクシオン』（藤原書店）
マックス・ウェーバー『プロテスタンティズムの倫理と資本主義の精神』（日経ＢＰ社）
ジョン・ロック『教育に関する考察』（岩波書店）
バートランド・ラッセル『ラッセル教育論』（岩波書店）
イヴァン・イリッチ『脱学校の社会』（東京創元社）
フリードリヒ・ハイエク『自由の条件〔Ｉ〕自由の価値』（春秋社）
メアリー・Ｃ・ベイトソン『女性として、人間として』（ティビーエス・ブリタニカ）
ヨースタイン・ゴルデル『ソフィーの世界〜哲学者からの不思議な手紙』（ＮＨＫ出版）
木田元編著『ハイデガー『存在と時間』の構築』（岩波書店）
池田晶子『14歳からの哲学』（トランスビュー）

11〜20　子育て編

ベンジャミン・スポック『スポック博士の育児書』（暮しの手帖社）

ルドルフ・シュタイナー『教育術』（みすず書房）
相良敦子『ママ、ひとりでするのを手伝ってね！～モンテッソーリの幼児教育』（講談社）
大久保愛『子育ての言語学』（三省堂）
グレン・ドーマン『幼児は算数を学びたがっている』（サイマル出版会）
レーナ・アレクセエヴナ・ニキーチナ、ボリス・パーブロヴィチ・ニキーチン『ニキーチン夫妻と七人の子ども』（暮しの手帖社）
浜野克彦『お母さんが教える子供の算数』（祥伝社）
川村明宏監修『頭が良くなる小学生の国語速読法』（産心社）
森田正康『5歳から始めるハーバード留学準備』（アルク）
今泉みね子『みみずのカーロ～シェーファー先生の自然の学校』（合同出版）

21～30　音楽と英語、その他編

バーバラ・L・サンド『天才を育てる～名ヴァイオリン教師ドロシー・ディレイの素顔』（音楽之友社）
マリナ・マ『わが子、ヨーヨー～母が語る〝天才〟ヨーヨー・マの少年時代』（音楽之友社）
李元淑『世界がおまえたちの舞台だ』（中央公論社）
奥田昭則『母と神童～五嶋節物語』（小学館）
ジュディス・コーガン『ジュリアードの青春～音楽に賭ける若者たち』（新宿書房）

エリン・メイヤー『異文化理解力』（英治出版）
トニー・ワグナー『未来のイノベーターはどう育つのか』（英治出版）
ナシーム・ニコラス・タレブ『まぐれ～投資家はなぜ、運を実力と勘違いするのか』（ダイヤモンド社）
安田正『かわいがられる力～一流と二流の決定的な違い』（ＰＨＰ研究所）
村上憲郎『村上式シンプル英語勉強法～使える英語を、本気で身につける』（ダイヤモンド社）

装幀　秦浩司(hatagram)
編集協力　井上健二
DTP　美創

著者プロフィール

廣津留真理（ひろつる・まり）

大分県在住。早稲田大学第一文学部卒。ブルーマーブル英語教室代表、一般社団法人Summer in JAPAN（SIJ）設立者・代表理事・総合プロデューサー、株式会社ディリーゴ代表取締役。2012年、一人娘のすみれさんが18年間塾なし、留学なし、学費は小中高12年間でたった50万円で、地方小中高からハーバード大学へ現役合格。「英語４技能（読む、聞く、書く、話す）」を伸ばし、本当に「使える英語力」を磨く独自のメソッドで、多数の小学生を大学入試レベルの英文が読めるように導く。ハーバード生が子どもたちにプレゼンや演劇などを英語で教えるサマースクール「Summer in JAPAN」を2013年から開催し、これまでに500人以上のハーバード生のエッセイ審査と100名以上の面接にあたる。2014年に経済産業省の「キャリア教育アワード奨励賞」を受賞。著書に『世界に通用する一流の育て方　地方公立校から〈塾なしで〉ハーバードに現役合格』（SBクリエイティブ）、『英語で一流を育てる　小学生でも大学入試レベルがスラスラ読める家庭学習法』（ダイヤモンド社）がある。

世界のトップ1%に育てる
親の習慣ベスト45
地方公立→ハーバード合格!
どこの国、会社でも活躍できる子の育て方

2017年7月25日　第1刷発行

著　者　廣津留真理
発行人　見城 徹
編集人　福島広司

GENTOSHA

発行所　株式会社 幻冬舎
〒151-0051　東京都渋谷区千駄ヶ谷4-9-7

電話　03(5411)6211(編集)
03(5411)6222(営業)
振替　00120-8-767643
印刷・製本所　図書印刷株式会社

検印廃止

ISBN978-4-344-03146-3　C0095
幻冬舎ホームページアドレス　http://www.gentosha.co.jp/

この本に関するご意見・ご感想をメールでお寄せいただく場合は、
comment@gentosha.co.jpまで。